*Für den Fotografen* ***Peter Hirth*** *aus Leipzig ist Osteuropa eine zweite Heimat. So hat sich ihm manch verborgene Ecke erschlossen.*

*Der Berliner Journalist* ***Klaus Klöppel*** *fuhr 1980 zum ersten Mal nach Polen – und ist seitdem dort immer wieder auf Erkundungstour.*

**Liebe Leserinnen, liebe Leser!**

Ich war überrascht. So bunt, so lebendig hatte ich mir Danzig nicht vorgestellt. Die Auslagen in den Geschäften, die kulturellen und die kulinarischen Angebote, das ausgelassene Nachtleben hielt durchaus dem Vergleich mit anderen europäischen Metropolen stand. Und das sei nicht nur in Danzig so, verriet mir unser Autor Klaus Klöppel. Insbesondere das mondäne Seebad Zoppot oder die quirlige Hafenstadt Gdingen seien gute Beispiele für attraktive Städte mit großem Unterhaltungsangebot.

**Polens Rückkehr nach Europa**

So verwundert es nicht, dass Polen auch 2007 zu den Top 10 der beliebtesten Auslandsreiseziele der Deutschen gehörte, wie ich gerade auf der ITB in Berlin erfahren habe. Und vieles spricht dafür, dass Polen als Reiseland zukünftig noch an Attraktivität gewinnt. Schon seit dem Beitritt Polens zur Europäischen Union 2004 ist das Interesse der Deutschen an ihrem östlichen Nachbarn deutlich gewachsen. Sah man früher in Pommern oder Masuren vor allem Gruppen älterer Deutscher auf der Suche nach Spuren aus ihrer Kindheit, so trifft sich dort inzwischen eine bunte Mischung von Reisenden aller Altersgruppen – und neben der deutschen Sprache hört man immer häufiger englische, französische, italienische, schwedische oder spanische Laute.

**Kulinarische Überraschungen**

Neben Städten mit Flair, mächtigen Burgen, tausend Seen und urwaldartiger Natur dürfen sich Touristen in Polens Nordosten auch auf manch kulinarische Überraschung freuen. Im Kapitel Savoir Vivre stellt Klaus Klöppel die köstlichsten Suppen vor, die in Polen manchmal schon seit Generationen nach bestimmten Rezepten zubereitet werden. Mein persönlicher Favorit der polnischen Küche sind jedoch Pierogi, die Maultaschen des Ostens. Sie müssen unbedingt auch einmal die süßen Varianten probieren – Pierogi, gefüllt mit Heidelbeeren oder Kirschen – einfach köstlich!
Herzlich Ihre

Birgit Borowski
Programmleiterin HB Bildatlas

## Echter Schmaus
Seite 108 – 109

Was den Schwaben ihre Maultaschen und den Italienern die Ravioli, sind den Polen die Pierogi.

## Gute Atmosphäre
Seite 52 – 65

Die kaschubische Küste erstreckt sich rund 150 Kilometer weit von Leba bis zum Fischerdorf Hela am Ende der gleichnamigen Halbinsel.

## Leben auf dem Dorfe
Seite 66 – 81

Einen guten Eindruck vom früheren Dorfleben vermitteln alte Bauernhäuser, Wirtschaftsgebäude und Windmühlen in Hohenstein, wo auf fast 40 Hektar eines der größten polnischen Freilichtmuseen errichtet wurde.

## Eisiges Vergnügen
Seite 82 – 103

Im Winter nutzen Eissegler auch die modernste Segeltechnik.

# INHALT

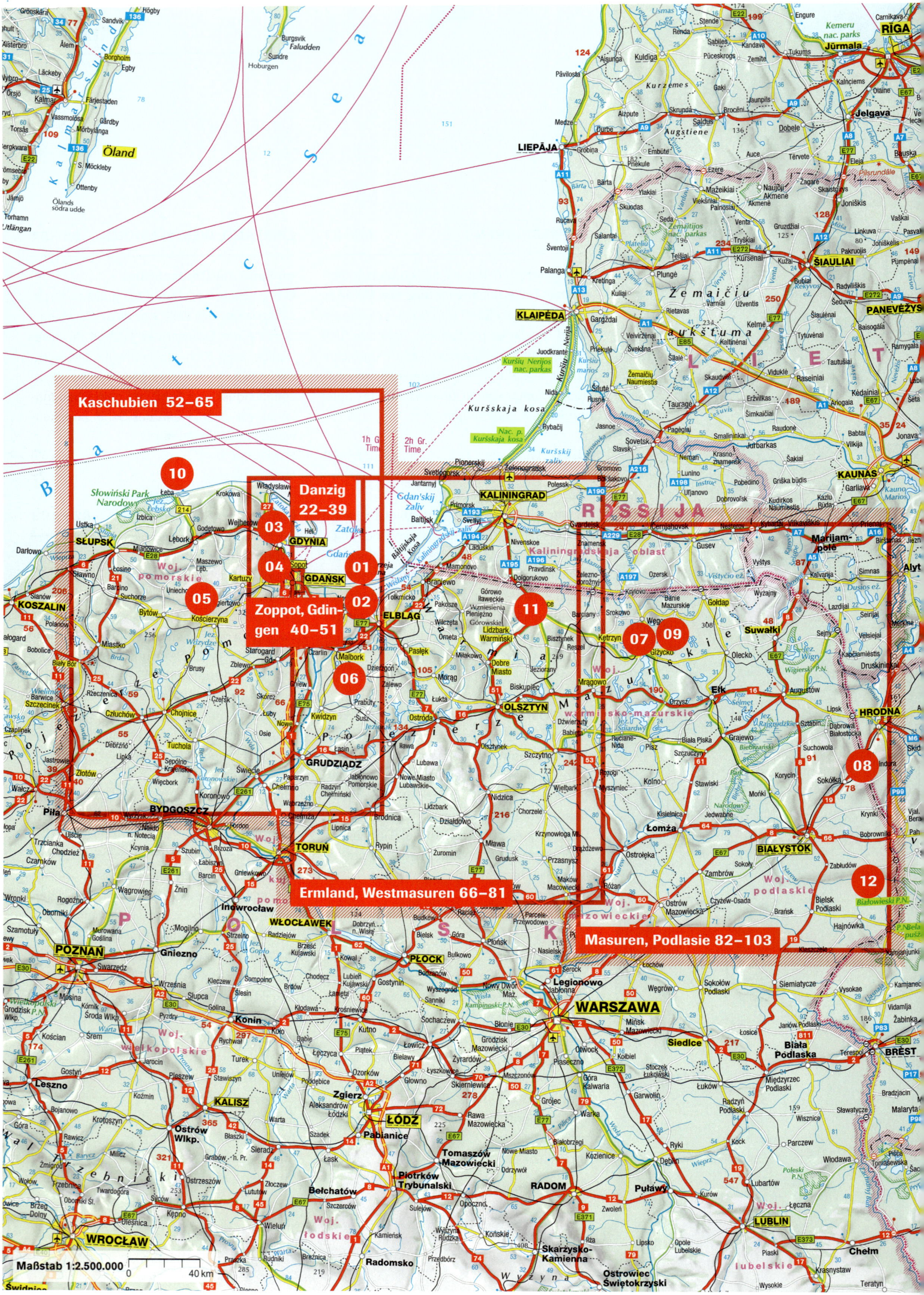
Kaschubien 52–65
Danzig 22–39
Zoppot, Gdingen 40–51
Ermland, Westmasuren 66–81
Masuren, Podlasie 82–103
01
02
03
04
05
06
07
08
09
10
11
12
Baltic Sea
Öland
LIEPĀJA
RIGA
Jūrmala
KLAIPĖDA
ŠIAULIAI
PANEVĖŽYS
KAUNAS
KALININGRAD
ROSSIJA
HRODNA
Kaliningradskaja oblast
Žemaičių aukštuma
Kuršių Nerijos nac. parkas
Słowiński Park Narodowy
SŁUPSK
KOSZALIN
GDYNIA
GDAŃSK
Sopot
ELBLĄG
Malbork
GRUDZIĄDZ
BYDGOSZCZ
TORUŃ
OLSZTYN
Suwałki
Ełk
Giżycko
Kętrzyn
Łomża
BIAŁYSTOK
POZNAŃ
Gniezno
Inowrocław
WŁOCŁAWEK
PŁOCK
WARSZAWA
Siedlce
Biała Podlaska
BREST
ŁÓDŹ
Piotrków Trybunalski
RADOM
LUBLIN
Puławy
Chełm
KALISZ
Konin
Leszno
WROCŁAW
Woj. pomorskie
Woj. warmińsko-mazurskie
Woj. podlaskie
Woj. mazowieckie
Woj. wielkopolskie
Woj. łódzkie
Woj. lubelskie
Maßstab 1:2.500.000
0
40 km

## DIE BESTEN TIPPS DER REDAKTION

### KULTUR

**01 Der schönste Platz Polens 37**
Der rechteckig angelegte Lange Markt in Danzig versammelt mit dem Rechtstädtischen Rathaus, dem Artushof, dem Neptunbrunnen und dem Grünen Tor das imposanteste Ensemble der Stadt – und ist wohl der schönste Platz in Polen.

**02 Das jüngste Gericht 38**
Das Nationalmuseum befindet sich in einem ehemaligen Franziskanerkloster in der Alten Vorstadt von Danzig. Höhepunkt ist das Triptychon „Das Jüngste Gericht" (1472) des flämischen Malers Hans Memling, dem ein eigener Raum gewidmet ist.

**03 Der Stolz der Stadt 49**
Im Jachthafen von Gdingen liegt das Segelschulschiff „Dar Pomorza", ein 1909 in Hamburg gebautes Dreimastvollschiff, das 1929 mit Spendengeldern gekauft und der hiesigen Meeresakademie als Schulschiff übergeben wurde.

**04 Die längste hölzerne Seebrücke 50**
Die mit 511,5 m längste hölzerne Seebrücke Europas erhielt ihre heutige Form und Länge im Jahr 1927; hier legen in Zoppot die Ausflugsdampfer aus Danzig und Gdingen an. Im Sommer finden hier Konzerte und Sportveranstaltungen statt.

**05 Das alte Kaschubien 65**
Wer das ursprüngliche Kaschubien mit seinen strohgedeckten Fachwerkhäusern sucht, dem bleibt nur der Weg in eines der Freilichtmuseen. Das größte befindet sich im Ferienort Sanddorf, im Süden von Kaschubien.

**06 UNESCO-Welterbe Marienburg 80**
UNESCO-Weltkulturerbe Marienburg: Die ab dem späten 13. Jh. erbaute Anlage, 1309 bis 1457 als Sitz des Hochmeisters Machtzentrale der Deutschen Ordensritter, gilt als das größte gotische Schloss der Welt.

**07 Barocke Pracht 102**
Die Wallfahrtskirche Heiligelinde gilt als schönster Barockbau von Nordpolen. Besonders interessant ist die im Jahr 1721 von der Königsberger Firma Josua Mosengel gefertigte Orgel mit zahlreichen beweglichen Figuren.

**08 Im polnischen Orient 103**
In den abgelegenen Dörfern Kruszyniany und Bohoniki siedelten sich im 17. Jh. Tatarenfamilien an, deren Nachfahren bis heute Muslime sind. In beiden Orten gibt es noch hölzerne Moscheen zu sehen.

### GESCHICHTE

**09 Terror und Widerstand 102**
Unweit von Rastenburg liegt bei Görlitz die Wolfsschanze, der ehemalige Bunker Adolf Hitlers, Symbol nationalsozialistischen Terrors wie des deutschen Widerstands. Am 20. Juli 1944 scheiterte dort das Attentat auf den Diktator.

### NATUR

**10 Die polnische Sahara 63**
Die berühmten Wanderdünen bei Leba – Teil des von der UNESCO zum Biosphärenreservat ernannten Slowinzischen Nationalparks – türmen sich bis zu 50 m hoch und entstanden schon vor mehreren tausend Jahren.

**11 Wo die Störche wohnen 79**
Schon an der russischen Grenze liegt das für seine Störche bekannte Dorf Żywkowo. Den großen Vögeln begegnet man in dieser Region auf Schritt und Tritt – in Żywkowo gibt es davon sogar deutlich mehr als Einwohner.

**12 UNESCO-Welterbe Białowieski 103**
Der Białowieski-Nationalpark ist das bekannteste Naturschutzgebiet im Nordosten Polens. Bester Ausgangspunkt zur Besichtigung ist Białowieża.

## STOLZ DER PATRIZIER

Der Danziger Lange Markt mit seinen wiederhergestellten Repräsentationsbauten rund um den Neptunbrunnen ist beispielhaft für die historische Architektur polnischer Städte und gehört zu den Höhepunkten einer Polenreise.

# SIEGREICHE RITTER

Bei Tannenberg besiegte 1410 das vereinte polnisch-litauische Heer die Ordensritter. Jedes Jahr um den 15. Juli spielen Polens Freizeit-Ritter die legendäre Schlacht nach, angefeuert durch den Beifall Zehntausender Schaulustiger.

# SOMMER, SONNE, S(TR)AND

Dicht an dicht stehen bunte Sonnenschirme und Windfänge an den beliebten Ostsee-ferienorten. Doch ein wenig abseits kann man auch im Hochsommer noch ein Stück der 500 Kilometer langen Küste ganz für sich allein haben. Das gilt besonders für die exotisch wirkende Dünenlandschaft bei Leba.

## MEHR ALS 1000 SEEN

Nicht immer ist es an den Großen Masurischen wie an den anderen Seen des Landes so ruhig und beschaulich wie hier am Jezioro Hańcza ganz im Osten Polens. Doch wenn sich im Herbst das Laub langsam verfärbt, bieten die meisten im Licht der späten Nachmittagssonne einen wahrhaft idyllischen Anblick.

# HANDFESTE LANDWIRTSCHAFT

Weihnachtsgänse zählen zu den Exportschlagern der polnischen Landwirte, die wegen der Europäischen Union wie die gesamte polnische Wirtschaft einen Strukturwandel durchmachen müssen, dennoch aber zu den Gewinnern des Beitritts gehören.

# SPIEL DER FARBEN

Kunterbunt präsentiert sich die masurische Landschaft im Sommer. Ohne Chemie kann sich die Natur noch frei entfalten, und sie dankt es – wie hier bei Nikolaiken – mit Millionen bunt blühender Blumen, saftigem Grün und üppigem Pflanzenwuchs.

# MACHT UND PRACHT

**Mit Feuer und Schwert machte sich der Deutsche Orden östlich der Weichsel ein riesiges Gebiet untertan. Die mächtige Marienburg war das machtpolitische Zentrum dieses Reiches unter dem Kreuzzeichen, das fast 250 Jahre die Geschicke der Region bis weit ins Baltikum hinein bestimmte.**

# Eine Stadt der Freiheit

In Danzig, dem heutigen Gdańsk, wurde europäische Geschichte geschrieben. Hier begann mit den Schüssen auf die Westerplatte der Zweite Weltkrieg, und hier nahm die Gewerkschaftsbewegung Solidarność ihren Ausgang. Sie läutete das Ende des kommunistischen Regimes ein und trug zum Ende der Teilung in Europa bei. Die wieder aufgebaute Altstadt empfängt jährlich fast drei Millionen Besucher aus aller Welt.

*Blick von Danzigs Marienkirche auf Johanniskirche und Mottlau*

02

03

*Wenn Polens König zu seinem jährlichen Besuch in Danzig weilte, nahm er traditionell den Weg durch das Hohe Tor und die Langgasse zum Rechtstädtischen Rathaus am Langen Markt.*

Die Fleischhaken leer, die Regale verstaubt und in den Getränkekisten vor allem Wodka – ein Blick in einen typischen Lebensmittelladen im Polen der 1980er-Jahre. Zu sehen ist er in der Ausstellung „Wege zur Freiheit“ unweit der ehemaligen Leninwerft. Wer danach wieder in das bunte, ausgelassene Leben der Danziger Altstadt eintaucht, kann die gewaltigen Veränderungen der letzten Jahre erst richtig ermessen. Dort, wo heute die eindrucksvolle Ausstellung gezeigt wird, hatten streikende Werftarbeiter am 31. August 1980 die Anerkennung ihrer unabhängigen Gewerkschaft Solidarność durchgesetzt. Zehn Jahre später wurde der Danziger Elektriker Lech Wałęsa Polens erster frei gewählter Präsident nach dem Zweiten Weltkrieg. Es gehört zur Ironie der Geschichte, dass ausgerechnet der Werft später wenig Glück beschieden war und viele Beschäftigte ihre Arbeit verloren. Auf dem lukrativen Gelände soll eine neue Wasserstadt mit schicken Lofts und Boutiquen entstehen.

### Eine der reichsten Städte

Schon immer herrschte in der Hafenstadt ein eigenständiger Geist. Selbstbewusst trotzten die Bürger den polnischen Königen im 15. und 16. Jahrhundert ein Höchstmaß an Eigenständigkeit ab. Danzig genoss die Zollfreiheit, prägte eigene Münzen und hatte zeitweilig ein Monopol auf den polnischen Außenhandel. Fast alle Waren, die von außen ins Land kamen, mussten den Weg über den Danziger Hafen nehmen. Das machte die Stadt zu einer der reichsten in Mitteleuropa. Noch heute spiegeln die prachtvollen Fassaden der Rechtstadt den Stolz und Reichtum ihrer Erbauer. Wenn Polens König zu seinem jährlichen Besuch in Danzig weilte, nahm er traditionell den Weg durch das Hohe Tor und die Langgasse zum Rechtstädtischen Rathaus am Langen Markt. Dieser „Königsweg“ bildet bis heute das Herzstück der Stadt. Fotos im Rechtstädtischen Rathaus zeigen, dass die Prachtstraße 1945 bis zur Unkenntlichkeit zerstört war. Dass sie innerhalb von wenigen Jahren in ihrer alten Schönheit wieder entstand, gilt als Meisterleistung der polnischen Restauratoren.

### Auf dem Weg der Könige

Jedes Patrizierhaus entlang dem „Königsweg“ hat seine eigene Geschichte. Große Geschäfte wurden hier vorbereitet, Intrigen gesponnen oder Bündnisse geschmiedet. In einigen Häusern waren Könige zu Gast. Heute wohnen hinter den hübschen Fassaden meist ganz normale Danziger Familien. Und weil diese auch tägliche Besorgungen machen müssen, konnten sich bis heute neben den schicken Cafés und

**01** *Blick vom Goldenen Tor in die Langgasse*
**02** *Fassadendetail am Langen Markt: repräsentatives Goldenes Haus*
**03** *Hinter Georgshalle und Goldenem Tor beginnt die Rechtstadt mit dem Rathausbau*

01

Andenkenläden auch gut sortierte Tante-Emma-Läden halten, wo man von Bonbons aus dem Glas bis zu Zahnpasta alles Nötige findet. Viele Touristengruppen ziehen durch die belebte Fußgängerzone, vorneweg ein Stadtführer, der sein Erkennungszeichen hochhält – „Bitte immer auf den blauen Schirm achten, meine Herrschaften." Neben deutschen und polnischen Tönen hört man immer öfter Englisch oder Schwedisch, manchmal sogar Japanisch.

### Sehenswürdigkeiten aller Art

Vor dem Rechtstädtischen Rathaus mit seinem schlanken, hohen Turm und dem mächtigen Artushof mit seiner leuchtend weißen Fassade bleiben alle Gruppen stehen. Während der Stadtführer über die Geschichte der bedeutendsten Bauwerke referiert, wandern die Blicke der Besucher neugierig über reiche Ornamente, Ziergiebel, farbenfrohe Wandmalereien und kunstvoll geschmiedete Geländer. Immer neue Details wecken ihr Interesse.

*Hier verneigt sich ein Burgfräulein mit Rose in aller Demut, dort spielen zwei Musikstudentinnen klassische Ohrwürmer …*

Doch auch lebende Objekte möchten Aufmerksamkeit auf sich ziehen. Hier verneigt sich ein Burgfräulein mit Rose in aller Demut, dort spielen zwei Musikstudentinnen auf Cello und Geige klassische Ohrwürmer, ein paar Meter weiter üben sich junge Breakdancer in atemraubender Akrobatik. Gern lassen sich Graf Dracula und Charlie Chaplin für ein paar Groszy ablichten. Doch gegen Neptun haben sie keine Chance, denn der posiert völlig kostenlos. Schon seit dem Jahr 1633 hat der Gott des Meeres seinen festen Platz auf dem sprudelnden Brunnen vor dem Artushof.
Das Grüne Tor verbindet den Langen Markt mit dem Ufer der Mottlau, einem

**01** *Das Rechtstädtische Rathaus an der Langgasse*
**02** *Dokumentation des Wohlstands am Langen Markt*
**03** *Wappen im Rechtsstädtischen Rathaus*

**01** *Restaurateure in der Marienkirche*
**02** *Erinnerung an den Priester Popieluszko in der Brigittenkirche*

**03** *Tiefe Töne auf acht Saiten …*

SPECIAL Triptychon

# Das Jüngste Gericht

**Das berühmte Triptychon „Das Jüngste Gericht“ des flämischen Malers Hans Memling (auch: Jan van Mimmelynghe) ist typisch für Danzig: Es ist weit gereist, kehrt aber immer wieder zurück.**

Eigentlich war dieses um das Jahr 1470 entstandene Werk für eine Kirche in Florenz bestimmt, doch der Danziger Seeräuber Paul Beneke kaperte das Schiff, das es von Brügge aus nach Italien bringen sollte. Er stiftete es der Danziger Marienkirche. Französische Besatzungstruppen entführten es später in den Pariser Louvre, doch nach dem Sturz Napoleons kehrte es 1817 in die Marienkirche zurück. Nach dem Zweiten Weltkrieg kam es als Kriegsbeute in die Leningrader Eremitage. Bis zum Jahr 1956 dauerte das unfreiwillige Exil. Heute gibt es das Jüngste Gericht gleich zweimal. In der Danziger Marienkirche kann man nur ein Duplikat bewundern, das Original des Weltgerichts hängt im Nationalmuseum. Es gibt bereits Überlegungen, den Publikumsmagnet künftig im Grünen Tor am Langen Markt auszustellen.

*„Das Jüngste Gericht“ im Nationalmuseum*

Nebenarm der Weichsel. Hier an der Langen Brücke legten im Mittelalter die Frachtschiffe aus aller Welt an, suchten sich die Fischer einen Liegeplatz. Der frische Fang wurde direkt auf dem Fischmarkt verkauft, Stoffe und Häute nahmen die Handwerker aus den umliegenden Gassen in Empfang, Getreide wurde in den großen Speichern auf der gegenüberliegenden Insel gelagert.

### Das Wahrzeichen der Stadt

Im Jahr 1444 entstand das hölzerne Krantor an der Mottlau, das mit seinem weit überstehenden Vorbau zum Wahrzeichen der Stadt wurde. Der ehemals größte Hafenkran der Welt ist heute Teil des Zentralen Meeresmuseums und nach wie vor ein Blickfang für sich.

Auch wenn der Hafen schon vor langer Zeit an den Stadtrand verlegt wurde, geht es auf der Langen Brücke noch immer lebhaft zu. Ausflugsschiffe der Weißen Flotte bringen Touristen zur Westerplatte, zum Leuchtturm oder zur Halbinsel Hela. Bernsteinläden werben mit garantiert echtem Schmuck zu echt guten Preisen. Hier ist immer etwas los, wird immer etwas (an)geboten, und von der Terrasse des bekannten Restaurants „Goldwasser“ kann man dem geschäftigen Treiben eine Weile lang in aller Ruhe zuschauen.

**04** *… oder zart-romantische Gitarrenklänge – in der Frauengasse werden Ständchen gegeben*

**05** *Maria im Zentrum: Astronomische Uhr mit der Gottesmutter*

01

02

03

*Auf dem Fischmarkt am Ende der Langen Brücke verkauften die Frauen aus den Vororten morgens in aller Frühe den nächtlichen Fang ihrer Männer.*

**Kleine Gasse, große Kirche**

Acht mittelalterliche Stadttore verbinden die Lange Brücke mit der Rechtstadt. Das Frauentor führt in die schönste Straße des alten Danzig. Die kleine Frauengasse ist von originellen Beischlägen gesäumt, auf denen tagsüber Händler ihre Bernsteinketten oder Stickwaren anbieten. Solche terrassenartigen Vorbauten waren einmal für die Danziger Architektur charakteristisch, mussten im 19. Jahrhundert aber größtenteils dem wachsenden Verkehr weichen. Die Frauengasse führt geradewegs zur größten Backsteinkirche der Welt. Die gotische Marienkirche fasst rund 25 000 Besucher, und ihre gewaltigen Ausmaße lassen die Besucher in Ehrfurcht erstarren. Die zwölf Meter hohe Astronomische Uhr aus dem Jahr 1470 hatte schon die damaligen Stadtväter derart begeistert, dass sie ihrem Schöpfer Hans Düringer die Augen ausstechen ließen, nur damit er kein zweites Werk dieser Art schaffen konnte.

**Auf der Suche nach großem Fang**

Auf dem Fischmarkt am Ende der Langen Brücke verkauften die Frauen aus den Vororten morgens in aller Frühe den nächtlichen Fang ihrer Männer. Heute geht es dort stiller zu. Doch jedes Jahr in den ersten Augustwochen wird hier wieder richtig gefeilscht. Dann verwandelt sich

**01** *Das Krantor gehört zu Danzigs beliebtesten Motiven*
**02** *Wehrbau und Kran sind Wahrzeichen der Stadt*

**03** *Altstädter Rathaus*

01

02

03

SPECIAL Die Blechtrommel

## Denkmal für den Trommler

**Günter Grass, der immer wieder gerne auf seine kaschubischen Wurzeln verweist, wurde im Jahr 1927 im Danziger Vorort Langfuhr (Wrzeszcz) geboren, und dort wuchs auch sein Romanheld Oskar Matzerath auf.**

Seit den 1930er-Jahren hat sich das Viertel wenig verändert, bis heute ist die kleinbürgerliche Atmosphäre aus der „Blechtrommel" zu spüren. So kann man mühelos in die Welt des kleinen Oskar eintauchen. In dem großen Klinkerbau in der Pestalozzistraße verbrachte er seinen einzigen Schultag, in der neugotischen Herz-Jesu-Kirche in der Mireckiego-Straße versuchte er vergeblich, das Jesuskind zum Trommeln zu bewegen. Vor wenigen Jahren holten die Danziger Stadtväter Oskar zurück nach Langfuhr, und dort trommelt er auf einer Parkbank am Wybickiego-Platz. Auch für Grass war ein Denkmal geplant, doch der lehnte bescheiden ab. Ein kleines Schild an der ulica Lelewela 13, dem früheren Labesweg, weist auf sein Geburtshaus hin.

*Der „Blechtrommler" mit Freunden*

der Platz samt der umliegenden Straßen in einen riesigen Flohmarkt, den traditionellen Dominikanermarkt, der die Händler aus ganz Polen nach Danzig zieht. Dann kann man hier fast alles kaufen – außer frischem Fisch. Gleich hinter dem Fischmarkt markieren einige Reste der Stadtmauer die Grenze zwischen zwei früher eigenständigen Gemeinden, der Rechtstadt und der Altstadt.

### Von Danzig in den Weltraum

Die Altstadt zu beiden Seiten des Radaunekanals – einst mehrheitlich von polnischen Kaufleuten bewohnte Konkurrentin der überwiegend „deutschen" Rechtstadt – wurde nach dem Krieg weit weniger großzügig in ihren historischen Zustand zurückversetzt. Als schönstes Bauwerk dort gilt das Ende des 16. Jahrhunderts im Renaissancestil errichtete Altstädtische Rathaus. In seinem Keller wird bis heute das nach Johannes Hevelius benannte Bier ausgeschenkt. Der Ratsherr hatte im 17. Jahrhundert mit dem Bierverkauf sein teures Hobby finanziert, die Astronomie. Mit einem 50 Meter langen Teleskop entdeckte er neun Kometen und sieben Sternenkonstellationen und wurde für diese Leistungen im Jahr 1664 in die Londoner Royal Society aufgenommen. Das Rathaus wird heute vom Baltischen Kulturzentrum

**01** *Bernstein ist das bekannteste Danzig-Souvenir*
**02** *Farbenpracht vor den alten Markthallen*
**03** *Gastliches Gewölbe unter dem Altstädtischen Rathaus*

**01** *Auf der ehemaligen Lenin-Werft*
**02** *Auch in Danzig fordern triste Mauern Farbe: Werftgelände*
**03** *Shakespeare vor Danzigs Hafenkränen: „Hamlet“ beim Festival*
**04** *Stolzes Graffito bei der Solidarność-Ausstellung*

verwaltet, der stattliche Ratssaal für Konzerte genutzt. Im Erdgeschoss entstand die originelle Café-Galerie „Kultikulti". Vier Studentinnen aus Nürnberg haben sie spontan zu ihrem Lieblingsort erklärt. Auf ihrer Polen-Rundreise sind sie erst am Vortag in Danzig angekommen, doch vom Flair der Stadt bereits hellauf begeistert. Besonders gefällt ihnen, dass sie hier Rucksacktouristen aus aller Welt treffen.

### Aktiv seit über 600 Jahren

Das Wasser der Radaune trieb ab Mitte des 14. Jahrhunderts die 18 Mühlräder der Großen Mühle an. Vom Deutschen Orden erbaut, war sie einer der größten mittelalterlichen Industriebetriebe Europas. Noch bis zum Jahr 1945 wurden dort täglich rund 200 Tonnen Getreide gemahlen. Nach der Wende entstand in der Industriearchitektur eines der ersten modernen Einkaufszentren der Hansestadt nach westlichem Vorbild. Doch die Geschäfte gehen nicht mehr so gut, seit in der Umgebung noch größere und schickere Shoppingmalls gebaut wurden.

### Der Opfertod der Volkshelden

Die Polnische Post am Plac Obrońców Poczty Polskiej hat für die Geschichte der Stadt eine besondere Bedeutung. Eine moderne Skulptur vor dem Backsteingebäude erinnert an die mutigen Postbeamten, die sich dort bei Kriegsausbruch am 1. September 1939 gegen eine erdrückende deutsche Übermacht verschanzten und versuchten, Polen zu verteidigen. Die 38 Überlebenden wurden später in einem Willkürakt zum Tode verurteilt. Ihren verzweifelten Kampf hat Günter Grass in seiner „Blechtrommel" eindrucksvoll beschrieben. Mit diesem vielschichtig-facettenreichen Roman, der von Volker Schlöndorff mit David Bennent in der Rolle des Oskar Matzerath auch erfolgreich verfilmt und sogar mit einem Hollywood-Oscar ausgzeichnet wurde, setzte der Literaturnobelpreisträger seiner Heimatstadt ein liebevolles Denkmal.

**05** *Solidarność-Monument: „Alle Räder stehen still, wenn dein starker Arm es will"*

Danzig
OSTRÓW
PRZERÓBKA
NOWE OGRODY
STARE MIASTO
GŁÓWNE MIASTO
BISKUPIA GÓRKA
MIASTO
Wisła
Kaszubski
Motława
Stara Motława
Nowa Motława
Stocznia Północna im Bohaterów Westerplatte
Stocznia Gdańska
Akademicki Politechniki Gdańskiej
Park Steffensa
al. Zwycięstwa
Marynarki Polskiej
pl. Solidarności
Gdańsk Główny
Dworzec Autobusowy PKS
Podwale Grodzkie
Wały Jagiellońskie
3 Maja
Hucisko
Nowe Ogrody
Kartuska
Powstańców Warszawskich
Targ Węglowy
Targ Drzewny
Targ Rybny
Targ Sienny
Targ Maślany
Długi Targ
Długa
Mariacka
Szeroka
Świętojańska
Straganiarska
Podwale Przedmiejskie
Podwale Staromiejskie
Toruńska
Kamienna Grobla
Długie Ogrody
Elbląska
Stągiewna
Chmielna
Szafarnia
Ołowianka (wyspa)
Filharmonia Bałtycka
Centralne Muzeum Morskie
Żuraw
Ratusz
Fontanna Neptuna
Dwór Artusa
Brama Wyżynna
Brama Zielona
Brama Mariacka
Kościół NMP
Kościół św. Brygidy
Kościół św. Jana
Kościół św. Barbary
Kościół św. Trójcy
Kościół św. Piotra i Pawła
Muzeum Narodowe
Bastion Gertrudy
Bastion Żubr
Bastion Wilk
Bastion Wyskok
Bastion Miś
Bastion Królik
Trakt św. Wojciecha
al. Armii Krajowej
Kanał Raduni
Opływ Motławy
7km
01
02
03
04
05
06
07
08
09
10
11
12
13
14
15

# Goldene Stadt am Wasser

Gold spielt in Danzig auf vielerlei Art eine Rolle: einmal in Erinnerung an das historische „goldene Zeitalter“, dann mit Blick auf „das Gold des Nordens“ – Bernstein und die Bernsteinroute, die für Danzigs Entwicklung so bedeutend war. Durch das „Goldene Tor“ kommt man ins Herz der Stadt, das „Goldwasser“ ist ein klassisches Danzig-Mitbringsel, und wer wollte leugnen, dass auch Danzig selbst, zumindest im milden Licht der Abendsonne, eine „goldene Stadt am Wasser“ ist?

*Langgasse und Rechtstädtisches Rathaus*

**Tipp**

## Das Gold des Nordens

Bernstein, das Gold des Nordens, ist seit Jahrtausenden als Rohstoff für Schmuck begehrt. Auf der Bernsteinroute gelangte es einst von der Danziger Bucht bis an die Adria. Entstanden ist es vor rund 50 Mio. Jahren aus dem Harz der Nadelbäume. Manchmal blieben Insekten am Harz kleben und wurden konserviert, durch solche „Inklusen“ wächst der Wert eines Steins beträchtlich. Östl. von Danzig fischt man Bernstein noch traditionell mit Netzen und langen Stangen vom Meeresboden ab. Allerdings wird heute der größte Teil des Rohmaterials im Gebiet Königsberg im Tagebau gefördert. Rund 20 000 Menschen leben in Danzig und Umgebung von der Produktion und dem Verkauf von Bernsteinschmuck. Jeden Aug. findet hier die wichtigste Fachmesse der Welt statt, die „Ambermart“.

*Besichtigungsprogramme bietet das Bernstein-Centrum auf der Insel Bohnsack (ul. Promienista 2, 80686 Gdańsk-Sobieszewo, Tel. 058/3080768, www.bc.com.pl). Bernstein-Programme organisiert auch die örtliche Filiale des Reisebüros Orbis (ul. Heweliusza 22, Tel. 058/3012132, www.orbistravel-gda.com.pl).*

*Der Bernsteinaltar in der Brigittenkirche*

## 01 – 15 DANZIG

**Die rund 1000-jährige Hansestadt Danzig (Gdańsk) zählt rund 480 000 Einw. und nimmt eine Fläche von circa 155 km² ein.** Vom Flughafen in Rebięchowo gibt es Direktverbindungen zu mehreren deutschen Städten. Mit Bremen verbindet Danzig seit 1976 eine Städtepartnerschaft.

**SEHENSWERT** Der Königsweg – Danzigs Prachtweg – beginnt am **01 Hohen Tor** (Brama Wyżynna), einem der früheren Haupteingänge der Stadt (1576), den Fries des Renaissancebaus schmücken die Wappen von Preußen, Polen und Danzig und der Hohenzollern. Das mittelalterliche Vortor mit Stockturm (15. Jh.) und Peinkammer wurde einst als Gefängnis genutzt, jetzt werden dort die Schätze des neuen Bernsteinmuseums gezeigt (Muzeum Burszytynu, Öffnungszeiten s. Historisches Museum). Das **Goldene Tor** (Brama Złota) bildet den eigentlichen Eingang zur **02 Langgasse** (ul. Długa), es entstand 1614 nach Entwürfen von Abraham van den Blocke im Spätrenaissancestil, und die acht allegorischen Figuren auf dem Sims stehen für Eintracht, Freiheit, Frieden, Frömmigkeit, Gerechtigkeit, Reichtum, Ruhm und Weisheit. Die bunten Patrizierhäuser in der Langgasse mit ihren Schmuckgiebeln bilden ein einzigartiges städtebauliches Ensemble. Zu den interessantesten Gebäuden gehört das **Uphagenhaus** (Kamiencia Uphagena, 1776) mit seiner klar gegliederten Fassade im Stil des Rokoko/Klassizismus (ul. Długa 12), heute beherbergt es ein Museum zur Lebensweise der Patrizier mit schönen Stilmöbeln (Öffnungszeiten s. Historisches Museum). Das **14 Rechtstädtische Rathaus** (Ratusz Głównego Miasta) zählt mit seinem 81 m hohen Turm zu den wertvollsten Bauwerken der Stadt, es wurde 1379 bis 1492 im gotischen Stil erbaut und Mitte des 16. Jh. im Stil der Renaissance erweitert. Im prachtvollen Roten Saal traf sich der Stadtrat zu festlichen Anlässen, seine Decke schmücken 25 farbenfrohe und in Goldrahmen gefasste Gemälde. Der mit dem Stadtwappen verzierte Kamin gehört zu den wertvollsten Kunstwerken der Renaissance in Polen. Wieder aufgebaut, dient es seit 1970 der Stadt als historisches Museum.

Der **13 Lange Markt** **TOPZIEL** gilt als Salon der Stadt. Schon seit 1633 sprudelt der **Neptunbrunnen** (Fontanna Neptuna), der, nach einem Entwurf von Abraham van den Blocke entstanden, die Verbindung der Stadt mit dem Meer symbolisieren soll. Der **Artushof** (Dwór Artusa, Długi Targ 48) wurde um 1477 erbaut, die breite Fassade im Renaissancestil entstand 1617 ebenfalls durch van den Blocke. Seine monumentale Halle überspannt ein Stern- und Fächergewölbe, darunter versammelten sich einst die reichen Kaufleute der Stadt. Den 11 m hohen, schlanken Ofen aus der Mitte des 16. Jh. schmücken Hunderte bunt bemalter Kacheln mit Porträts von Herrschern, allegorischen Figuren und Wappen (Öffnungszeiten s. Historisches Museum). In den **Königlichen Häusern** (Długi Targ 1–4) wohnten die polnischen Herrscher bei ihrem Aufenthalt in der Hansestadt. Das **Goldene Haus** (Złota Kamiencia, Długi Targ 41) baute van den Blocke Anfang des 17. Jh. für Bürgermeister Hans Spey-

mann, es hat seinen Namen nach der einst reich mit Gold verzierten Fassade. Das **13 Grüne Tor** (Brama Zielona, 1568 bis 1571) am alten Mottlauhafen wurde als offizielle Stadtresidenz der polnischen Könige gebaut, aber nie als solche genutzt, da diese lieber bei den reichen und wohl auch freigiebigen Patriziern nächtigten. Heute ist der Renaissancebau Ausstellungsraum und Bürgerbüro des ehem. Staatspräsidenten Wałęsa.
Am **Mottlau-Ufer** befindet sich am gotischen **Brotbänketor** (Brama Chlebnicka, 15. Jh.) an der Kaistraße **10 Lange Brücke** (Długie Pobrzeże) das älteste Wappen von Danzig. Im hölzernen **10 Krantor** (Żuraw, 1444) setzten einst vier Arbeiter mit ihren Füßen die großen Trommeln in Bewegung, bis zu 2 t konnte der Kran dann heben. Heute ist er Teil des Zentralen Meeresmuseums. Die Hauptgebäude des Museums befinden sich auf der gegenüberliegenden **09 Bleihofinsel** (Wyspa Ołowianka) in drei mittelalterlichen Speicherhäusern. Der ehem. Königliche Speicher, 1621 im Renaissancestil erbaut, beherbergt das noble „Hotel Królewski“. Direkt daneben entstand die moderne Danziger Philharmonie in einem umgebauten Heizkraftwerk. Die ehem. **12 Speicherinsel** (Wyspa Spichrżow) an der Mottlau wurde nur zum Teil wieder errichtet, den östl. Abschluss bildet das gotische **Milchkannentor** (Brama Stagiewna, 1519), das aus dem niedrigen Sahnekännchen und der größeren Milchkanne besteht.
In der **Rechtstadt** führt die malerische **11 Frauengasse** (ul. Mariacka) zur gotischen **Marienkirche** (Kościół Mariacki, 1343–1502), dem größten aus Ziegeln erbauten Gotteshaus der Welt. Der 105 m lange Bau bietet 25 000 Besuchern Platz, der 78 m hohe Hauptturm ist zu besteigen (Aussichtsplattform tgl. 9.00–17.00 Uhr). Die von Hans Düringer 1464 bis 1470 entworfene Astronomische Uhr ist mit 14 m Höhe eine der größten der Welt, sie zeigt neben den Stunden und Tagen auch Monate, Jahre, Mondphasen sowie die Lage von Sonne und Mond im Tierkreis an. Die rekonstruierte **Königliche Kapelle** (Kaplica Królewska, 1678–1681) neben der Marienkirche ist der einzige sakrale Barockbau in der Rechtstadt, gebaut nach einem Entwurf des Niederländers Tylman van Gameren. Die Skulpturen an der Fassade stammen von dem Berliner Baumeister Andreas Schlüter. Das **03 Große Zeughaus** (Wielka Zbrojownia, 1602) am Kohlenmarkt (Targ Węglowy) zählt zu den wertvollsten Bauten der niederländischen Renaissance in Polen. Bis ins 19. Jh. diente es als Waffenlager, heute zum Teil als Einkaufszentrum. Vom achteckigen Wehrturm **Kiek in de Kök** (Baszta Jacek, 1410) am Altstädtischen Graben (Podwale Staromiejskie), der Grenze zwischen Recht- und Altstadt, konnte man in die Küche des benachbarten **Dominikanerklosters** blicken. An Stelle des ausgebrannten Klosters entstand Ende des 19. Jh. die neugotische **Markthalle**. An sie schließt die gotische **07 Nikolaikirche** (Kościół Św. Mikołaja, Urspr. 14. Jh.) an, diese erhielt im 17. Jh. ihre reiche barocke Ausstattung und hat als eine der wenigen den Krieg ohne Schaden überstanden. Die ebenfalls gotische **08 Johanniskirche** (Kościół Św. Jana, 14. und 15. Jh.) dagegen brannte 1im Jahr 945 komplett aus und wurde nur teilweise wieder aufgebaut.
In der **Altstadt** wurde das **04 Altstädter Rathaus** (Ratusz Staromiesjski, 1587–1595) von dem flämischen Baumeister Antoni van Obberghen im Renaissancestil erbaut, eine Gedenktafel erinnert an den Ratsherrn, berühmten Astronomen und Bierbrauer Johannes Hevelius (1611–1687). Das benachbarte **Haus der Pelpliner Äbte** (Dom Opatów Pelplińskich, 1612, Na Piaskach 3) ist eines der besterhaltenen Danziger Bürgerhäuser. Die **06 Große Mühle** (Wielki Młyn, 1350) am Radaunekanal war einst größte Getreidemühle in Europa und vereinigte Mühle, Lagerhaus und Großbäckerei unter einem Dach, heute gibt es dort ein Einkaufszentrum. Die benachbarte **Katharinenkirche** (Kościół Św. Katarzyny, Urspr. 12. Jh.) an der ul. Katarzynki gilt als Danzigs ältestes Gotteshaus. Nach einem schweren Brand 2006 wird sie derzeit wieder aufgebaut. Der Bau wurde 1227 begonnen und in der zweiten Hälfte des 14. Jh. erweitert (mit Grab von Johannes Hevelius). Wenige Schritte entfernt steht die Ende des 14. Jh. erbaute **Brigittenkirche** (Kościół Św. Brygidy), 1980 als zuständige Pfarre der Werft die Kirche der streikenden Danziger Werftarbeiter. Ein Denkmal erinnert im Gotteshaus an den als Nationalheld verehrten und 1984 von der polnischen Staatssicherheit ermordeten oppositionellen Priester Jerzy Popiełuszko. Aus 6,5 t Bernstein entsteht hier ein neuer Altar, teilweise bereits zu betrachten.
Am Eingang zur **Danziger Werft** am **05 Solidarność-Platz** wurde 1981 das aus drei hoch aufragenden Kreuzen bestehende „Denkmal der Gefallenen Werftarbeiter“ errichtet, zur Erinnerung an die Opfer des Aufstands von 1970. Schon im 17. Jh. war Danzig für seinen Schiffbau bekannt und zur Gründerzeit im 19. Jh. einer der größten Standorte Europas. Nach 1945 wurden die Danziger Unternehmen zum größten Industriebetrieb Polens zusammengeschlossen: Die Lenin-Werft war ein sozialistisches Renommierobjekt. Nach dem Konkurs 1997 blieb von den 16 000 Arbeitern eine Handvoll mit Reparaturarbeiten beschäftigt. Aus dem Werft- und Hafengelände soll nun nach dem Vorbild der Londoner Docklands ein edles Büro-, Geschäfts- und Kulturrevier entstehen. Einstweilen nutzen Künstler die Nische, in einem Teil der Gebäude gründeten sie mit Einverständnis der Investoren das Kulturzentrum Junge Stadt („Młode Miasto“), das Ausstellungen, Theater und Konzerte veranstaltet. Auf dem Gelände entsteht ein großes **Solidarność-Museum**. Die Ausstellung „Wege zur Freiheit“ zur Geschichte der Solidarność ist bereits jetzt im nahe gelegenen **Gewerkschaftshaus**, ul. Wały Piastowskie 24, zu sehen (Di.–So. 10.00–16.00, im Sommer bis 17.00 Uhr).

**Tipp**

## Danzig macht Dampf

Mit den Ausflugsdampfern der Weißen Flotte, einem niedlichen Schaufelraddampfer oder einer mittelalterlichen Galone können Touristen von der Langen Brücke (Długie Pobrzeże) aus in See stechen. Fahrten finden mehrmals am Tag statt. Durch den Hafen mit seinen zahllosen Ladekränen führt die Tour vorbei an der mittelalterlichen Festung Weichselmünde zur Westerplatte. Ein neues Ziel ist der achteckige Lotsen- und Leuchtturm gegenüber. Von seiner Aussichtsplattform bietet sich bei gutem Wetter ein weiter Blick auf den Hafen und bis zur Halbinsel Hela. Längere Schiffstouren führen von Danzig nach Zoppot, Gdingen und nach Hela sowie zum Frischen Haff und im Sommer zur Insel Bornholm.

*www.lighthouse.pl, Fahrplan unter www.zegluga.pl.*

**MUSEEN** Das **15 Nationalmuseum** **TOP-ZIEL**, Muzeum Narodowe, befindet sich in den gotischen Gebäuden des ehem. Franziskanerklosters in der Alten Vorstadt. Gezeigt werden wertvolle Porzellansammlungen, alte Möbel und Schnitzereien, Danziger, polnische und europäische Gemälde aus dem 15. bis 20. Jh. Ein eigener Raum ist dem berühmten Triptychon **Das Jüngste Gericht** (1472) des flämischen Malers Hans Memling gewidmet (ul. Toruńska 1, www.muzeum.narodowe.gda.pl, Di.–Fr. 9.00–16.00, Sa. und So. 10.00–16.00 Uhr). Sehenswerte Backsteingotik zeigt die einstige Klosterkirche aus dem 15. und 16. Jh.
Das Rechtstädtische Rathaus beherbergt das **14 Historische Museum der Stadt Danzig**, Muzeum Historii Miasta Gdańska. Zu sehen sind die repräsentativen Räume des Museums, ferner eine Ausstellung mit Fotografien vom zerstörten Danzig (ul. Długa 47, www.mhmg.gda.pl). Außenstellen sind **Uphagenhaus**, **Artushof** und das neue **Bernstein-Museum** (Öffnungszeiten jeweils Di. 10.00–15.00, Mi.–Sa. 10.00–16.00, So. 11.00 bis 16.00 Uhr, im Sommer jeweils bis 18.00 Uhr und Mo. 10.00–15.00 Uhr). Die Außenstellen **Museum in der Polnischen Post** (ul. Obrońców Poczty Polskiej) und **Festung Weichselmünde** sind zur Zeit wg. Renovierung geschlossen.
Hauptgebäude des **09 Meeresmuseums**, Centralne Muzeum Morskie, sind die Speicherhäuser „Jungfrau“, „Kupfer“ und „Olivaer“ auf der Bleihof-

insel, wo u.a. die Ladung eines mittelalterlichen Handelsschiffes ausgestellt wird. Davor liegt der ehem. Kohlefrachter „Sołdek“, das erste nach dem Zweiten Weltkrieg auf der Danziger Werft gebaute Schiff. Zudem gehört das Krantor zum Museum (www.cmm.pl, 10.00–18.00, Winter bis 15.00 Uhr). Exponate aus der Frühzeit der Stadt präsentiert das **11** **Archäologische Museum**, Muzeum Archeologiczne (ul. Mariacka 26, www. archeologia.pl, Di., Do., Fr. 9.00–16.00, Mi. 10.00–17.00, Sa. und So. 10.00–16.00 Uhr).

**UNTERHALTUNG** Das **03** **Teatr Wybrzeże** am ehem. Kohlenmarkt zeigt polnische Klassiker und Gegenwartsstücke (Targ Węglowy 1, Tel. 058/3017021). Jedes Jahr in der 1. Aug.-Woche Shakespeare-Festival, www.teatr-szekspir.gda.pl.

**Tipp**

## Lachs mit Goldwasser

Süßer Anislikör, Pfefferkraut und Rosenholz gehören zu den Bestandteilen des berühmtesten Danziger Getränks, doch seinen Namen erhielt es von den hauchzarten Blättchen reinen 22-karätigen Goldes, die sich in jeder Flasche befinden. Erfinder des Danziger Goldwassers war der Holländer Ambrosius Vermöllen. 1598 erhielt er das Danziger Bürgerrecht und gründete dort eine Likörfabrik. Das Haus der Vermöllen'schen Brennerei trug als Erkennungszeichen ein Schild mit einem Lachs – und so nannte er seinen Likör „Der Lachs – Original Danziger Goldwasser“. Das zur gleichen Zeit eröffnete Restaurant trug denselben Namen, auf Polnisch „Pod Łososiem“, und ist nach wie vor eine der feinsten Adressen in Danzig. Zu den Spezialitäten gehört natürlich Lachs, zum Abschluss darf das Gläschen Goldwasser nicht fehlen.

*Altstadt, ul. Szeroka 52, Tel. 058/3017652, www.podlososiem.pl, tgl. 12.00–23.00 Uhr*

Die **Baltische Staatsoper** hat ihre Spielstätte an der ul. Zwycięstwa 15 (Państwowa Opera Bałtycka, Tel. 058/7634912, www. operabaltycka.pl). Die **Baltische Philharmonie** entstand in einem umgebauten Heizwerk auf der **09** **Bleihofinsel** (ul. Ołowianka 1, Tel. 058/3052040, www.filharmonia.gda.pl).
Zu den interessanten Klubs gehören das **Parlament** (ul. Św. Ducha 2, häufig Livekonzerte), der **Piękni, Młodzi i Bogaci**, der Klub der „Schönen, Jungen und Reichen“ (ul. Teatralna 1) und das **Gazeta Rock Café** (ul. Tkacka 7/8), ein legendärer Keller-Club in der Rechtstadt).

**VERANSTALTUNGEN** Die **Baltic Sail** ist eine internationale Segelregatta (Mitte Juli), der **Dominikanermarkt** ein großer Flohmarkt (Anf. Aug.). Von Juli bis Sept. findet ein Internationales **Orgelmusikfestival** in der Kathedrale von Oliva statt, Mitte Aug. das **Internationale Straßentheater-Festival Feta** (www.feta.pl).

**HOTELS UND RESTAURANTS** Das **Królewski** im historischen Königlichen Speicher auf der Bleihofinsel hat einen schönen Blick zum Mottlau-Ufer (ul. Ołowianka 1, 80751 Gdańsk, Tel. 058/3261111, www.hotelkrolewski.pl).
Das **Bartan** ist ein freundliches Mittelklassehaus auf der Insel Bohnsack, etwa 20 km vom Zentrum entfernt (ul. Turystyczna 9a, 80686 Gdańsk, Tel. 058/3080999, www.bartan.pl).
Ein nobles Landhaus im Freudental am Rande von Oliva mit Pool und Restaurant mit feiner französischer und internationaler Küche und hervorragendem Weinkeller ist das **Dwór Oliwski** (ul. Bytowska 4, 80328 Gdańsk, Tel. 058/5547000, www. dwor-oliwski.com.pl).
Das ganz in rot gehaltene **Café Ferber** ist Treffpunkt der Szenegänger für den ganzen Tag: morgens ein gutes Frühstück, nachmittags leckeren Kuchen und abends Cocktails, am Wochenende mit DJ (ul Długa 77/78, 80801 Gdańsk, Tel. 058/3015566, www.ferber.pl).
Das **Goldwasser** bietet von seiner Terrasse einen schönen Blick auf die Mottlau, gute Auswahl von Fischspezialitäten und natürlich das berühmte Goldwasser (siehe Tipp; ul. Długie Pobrzeże 22, 80888 Gdansk, Tel. 058/3018878, www. goldwasser.pl).
In der stilvoll sanierten **Villa Uphagena** im Stadtteil Wrzeszcz erwarten die Gäste feine polnische Speisen und eine sehr gute Auswahl von Weinen (ul. Jana Uphagena 23, 80237 Gdańsk, Tel. 058/3458372, www.villauphagena.pl).).

**INFORMATION**
*Informacja Turystyczne*
*Gdańska Organizacja Turystyczna*
*ul. Heweliusza 29, 80861 Gdańsk*
*Tel./Fax 058/3014355, 3016638, 3057080*
*www.got.gdansk.pl*

## Nicht versäumen!

KULTUR

**Der schönste Platz Polens**
Der rechteckig angelegte Lange Markt versammelt mit dem Rechtstädtischen Rathaus, dem Artushof, dem Neptunbrunnen und dem Grünen Tor das imposanteste Ensemble der Stadt – und ist wohl der schönste Platz in Polen.

**TOPZIEL** Siehe Nr. **13**

KULTUR

**Die größte Ziegelkirche der Welt**
In der Rechtstadt führt die malerische Frauengasse zur gotischen Marienkirche, dem größten aus Ziegeln erbauten Gotteshaus der Welt. Der 105 m lange Bau bietet rund 25 000 Besuchern Platz, der 78 m hohe Hauptturm ist zu besteigen.

Siehe Nr. **11**

KULTUR

**Die Geschichte der Solidarność**
Auf dem Gelände der Danziger Werft entsteht ein großes Solidarność-Museum. Die Ausstellung „Wege zur Freiheit“ zur Geschichte der Solidarność ist bereits jetzt im nahe gelegenen Gewerkschaftshaus zu sehen.

Siehe Nr. **05**

KULTUR

**Das Jüngste Gericht**
Das Nationalmuseum befindet sich in einem ehemaligen Franziskanerkloster in der Alten Vorstadt. Höhepunkt ist das Triptychon „Das Jüngste Gericht“ (1472) des flämischen Malers Hans Memling, dem ein eigener Raum gewidmet ist.

**TOPZIEL** Siehe Nr. **15**

KULTUR

**Der Bernsteinaltar**
Von der Großen Mühle am Radaunekanal ist es nicht weit zur Katharinenkirche – Danzigs ältestem Gotteshaus –, und von dort sind es nur wenige Schritte bis zur Brigittenkirche mit ihrem wunderschönen Bernsteinaltar.

Siehe Nr. **06**

Jan-1
Jan-2
Jan-2

# Die ungleichen Schwestern

Zugegeben, die Abfahrt vom Berg Łysa Góra ist nicht gerade lang und auch nicht besonders schwierig, aber wo sonst könnte man beim Skifahren den Blick aufs Meer genießen? Trotz solcher winterlicher Attraktionen bevorzugen die meisten Gäste des Seebads Zoppot dennoch die wärmere Jahreszeit. Zoppot ist die ungekrönte Sommerhauptstadt Polens, die jährlich von rund zwei Millionen Urlaubern und Tagesgästen besucht wird.

*Die polnische Ostseeküste ist ein Strandparadies – auch hier in Jantar*

01

02

03

04

Während es im Winter abseits des Skilifts eher geruhsam zugeht, wandelt sich das Bild mit den ersten warmen Sonnenstrahlen. Dann strömen die Touristen in den mondänen Badeort. Im Hochsommer liegen zu beiden Seiten der berühmten Seebrücke die Handtücher dicht an dicht, und durch die Fußgängerzone Bohaterów Monte Cassino schiebt sich eine nicht enden wollende Menschenschlange. Erst lange nach Mitternacht schwillt der Touristenstrom langsam ab, ohne ganz zu versiegen, und schon am nächsten Vormittag wächst er wieder zur vollen Größe an. „Monciak“, wie Zoppots bekannteste Straße Bohaterów Monte Cassino kurz genannt wird, führt von der Seebrücke steil bergauf zum Bahnhof und weiter zur Waldoper. Geschäfte, Cafés und Restaurants bieten sich für einen Zwischenstopp an, überall versuchen Gaukler, Pantomimen oder Musiker die Aufmerksamkeit der Passanten zu wecken. Seit kurzem hat die Straße ein neues Aushängeschild, vom Volksmund schnell „das betrunkene Haus“ getauft.

*Erst wenn die Sonne wieder scheint, gehen hier die Partys zu Ende.*

Mit seinen schiefen Fenstern sieht es tatsächlich so aus, als habe der Architekt den einen oder anderen Wodka getrunken, bevor er zu seinem Zeichenstift griff.

### Rimini des Nordens

Wenn sich nach Mitternacht die „Monciak“ langsam leert, dann wird es unten am Strand umso voller. Dort drängen Jugend und Junggebliebene in die großen Discos unweit des legendären „Grand Hotels“. Erst wenn die Sonne wieder scheint, gehen hier die Partys zu Ende. Schon in den 1920er-Jahren galt Zoppot als einer der mondänsten Badeorte Europas, als das Rimini des Nordens. Hierher kamen die Schönen und Reichen zum Baden und Ku-

**01** *An Zoppots Bummelmeile Monte Cassino*
**02** *Das „Geschenk Pommerns“*
**03** *Souvenirs an Zoppots Seebrücke*
**04** *Auf dem Museumskreuzer „Błyskawica“*

01

02

03

04

*Mit dem Ende des Sozialismus begann das zweite Leben von Zoppot.*

ren. Sie bevölkerten die Restaurants und das Casino, trafen sich zum Pferderennen im Hippodrom oder bei Wagner-Aufführungen in der Waldoper. Das prachtvolle „Grand Hotel" und die charmanten Villen künden noch heute von dieser ersten Blüte. Später, im sozialistischen Polen, war preiswerter Familienurlaub für die Werktätigen gefragt. Der Glanz verblasste, ohne je ganz zu verschwinden – mit dem Ende des Sozialismus begann das zweite Leben von Zoppot.

### Wo einst Marlene Dietrich weilte

Das „Grand Hotel" – einst Herberge so illustrer Gäste wie Josephine Baker und Marlene Dietrich – öffnete nach seiner Komplettsanierung 2006 als 5-Sterne-Hotel der Marke Sofitel. Daneben sind neue Nobelherbergen wie das „Hotel Haffner" entstanden. Zu den Gaststätten und Imbissstuben, die vom eiligen Kunden leben, gesellen sich Feinschmeckerlokale.

### Die zweite Blüte

Seit man in der Danziger Bucht wieder gefahrlos baden kann und Zoppot im Jahr 1999 sein Kurprivileg zurückerhielt, sind die Stadtväter in ihrem Ehrgeiz kaum zu bremsen. Ein moderner Aquapark und ein neues Segelzentrum sind entstanden, hochfliegende Pläne liegen in der Schublade

**01** *Gründerzeitliche Spuren in Kahlberg*
**02** *An der Frischen Nehrung versuchen die Fischer ihr Glück*
**03** *Kormorane im Schutzgebiet bei Kąty Rybackie*
**04** *Fischerstillleben bei Steegen*

01

02

03

04

05

SPECIAL Sztutowo

# Ort der Mahnung

**Auf den ersten Blick wirkt Sztutowo wie ein ganz gewöhnlicher Ferienort. Die Gemeinde lebt von den Touristen, die hier gern ihren Sommerurlaub verbringen ...**

Doch zu den Zeiten, als der Ort noch „Stutthof" genannt wurde, entstand hier das erste Konzentrationslager außerhalb der deutschen Grenzen vom 31. August 1939. Bis zur Befreiung des Lagers durch die Rote Armee wurden hier mindestens 65 000 Häftlinge ermordet. Wachhäuser und Häftlingsbaracken, die Gaskammer und das Krematorium blieben erhalten; eine Ausstellung informiert über den Terror der Nazis und die Geschichte des Lagers. Errichtet wurde es mit dem deutschen Angriff auf Polen ab dem 1. September 1939 zunächst als Zivilgefangenenlager. Ab dem 1. Oktober 1941 unterstand es als Sonderlager Stutthof der Danziger Gestapo. Am 29. Januar 1942 erhielt Stutthof als „Konzentrationslager der Stufe I" jenen Status, den es bis Kriegsende behielt. Erst nach der Kapitulation am 9. Mai 1945 befreiten die sowjetischen Truppen der 48. Armee 120 überlebende Häftlinge in Stutthof.

und sollen mit Hilfe aus Brüssel umgesetzt werden. Doch die Frage Ibiza oder Marbella, Partyhochburg für die Massen oder neuer Treff des Jetsets, sie ist noch nicht endgültig entschieden.

### Die Unbekannte

Zoppot bietet einen herrlichen Strand, Danzig historische Bauten. Und die Dritte im Bunde? Beim ersten, flüchtigen Blick mag man Gdingen vielleicht als uninteressant einstufen. Doch die Hafenstadt ist für Überraschungen gut. Auch sie besitzt Strände, sehr schöne zumal. Der südlichste

*Auch als Schriftsteller hatte ihn das Meer nie losgelassen. Unter seinem Künstlernamen Joseph Conrad erlangte er Weltruhm.*

liegt im Villenvorort Orłowo. Die Mole dort ist zwar kleiner als in Zoppot, dafür gibt es direkt daneben das einzige Strandtheater Polens.
Mit dem nahen Kliff bietet Orłowo darüber hinaus ein einzigartiges Panorama. Über einen schmalen Sandstreifen unterhalb der 90 Meter hohen Steilküste gelangt man von hier nach Redłowo, dem zweiten großen Strand.

### Weiße Stadt am Meer

Eine neu erbaute Promenade führt von Redłowo am kleinen Stadtstrand und an Polens größtem Jachthafen vorbei zur breiten Südmole Gdingens, dem eigentlichen Herzstück der für seine maritim geprägte Bauhaus-Architektur bekannten „weißen Stadt am Meer". Dort legen die Schiffe der Weißen Flotte an, dort starten die Hafenrundfahrten, und dort befinden sich auch die wichtigsten Ziele für Touristen: das stolze Segelschulschiff „Dar Pomorza", der Zerstörer „Błyskawica" und das Ozeanografische Museum mit seinem großen Aquarium. Am Ende des Kais trotzt ein in Stein gehauener Józef Konrad Korzeniowski den kräftigen Winden. Ab seinem 17. Lebensjahr war der junge Pole zur See gefahren, und auch als Schriftsteller hatte ihn das Meer später nie losgelassen. Unter seinem Künstlernamen Joseph Conrad erlangte er Weltruhm.

**01** *Die Kathedrale von Oliva ...*
**02** *...lädt zu wunderbaren Orgelkonzerten ein*
**03** *Durch die Blume gesehen: Steegens Fachwerkkirche*
**04** *An der Westerplatte wird der Verteidiger von 1939 gedacht*
**05** *Zum Schutz an der Danzigzufahrt: Festung Weichselmünde*

01
02
03
04
05
Mierzeja Helska
Zatoka Pucka
Zat
Gda
Nadmorski Park Krajobrazowy
Trójmiejski Park Krajob.
Żuławy Wiślane
København
Karlskrona
Nynäshamn
JASTRZĘBIA G.
Przyl.Rozewie
LISI JAR
ROZEWIE
OSTROWO
TUPADŁY
CHŁAPOWO
CETNIEWO
WŁADYSŁAWOWO
CHAŁUPY
KUŹNICA
JASTARNIA
JURATA
HEL
Strzelno
Starzyński Dwór
Łebcz
Zele
Swarzewo
Gnieżdżewo
Puckie Błota
PUCK
Mechowo
Jaskinie Mechowskie
Zdrada
Połczyno
Darżlubie
Leśniewo
Brudzewo
Błądzikowo
Rzucewo
Pałac v. Belowów
Celbowo
Żelistrzewo
Osłonino
Sławutowo
Smolno
Połchowo
Mrzezino
Rez.ptaków Beka
Cypel Rewski
Rewa
Rekowo Grn.
Rekowo Dln.
Kąpino
WEJHEROWO
REDA
Mosty
Mechelinki
Pierwoszyno
Kazimierz
Dębogórze
Kosakowo
BABIE DOŁY
RUMIA
Kępa Oksywska
grodzisko
Pogórze
OBŁUŻE
OKSYWIE
Przyl.Oksywie
CISOWA
CHYLONIA
Gdynia
stocznia
GDYNIA
Gniewowo
Zbychowo
Reszki
Rez.leśny Cisowa
PUSTKI CISOWSKIE
DEMPTOWO
Muz. Marynarki Wojennej
Muzeum Oceanograficzne
KAMIENNA GÓRA
WZGÓRZE ŚW.MAKSYMILIANA
CHWARZNO
WITOMINO
WICZLINO
Rez.leśny Kacze Łęgi
MAŁY KACK
REDŁOWO
Rez.krajobr. Kępa Redłowska
ORŁOWO
KARWINY
WLK.KACK
KAMIENNY POTOK
SOPOT
Molo
Opera Leśna
Rez.leśny Zajęcze Wzgórze
JELITKOWO
Gdańsk
WESTERPLATTE
Pom.Obrońców Wybrzeża
Twierdza Wisłoujście
PRZYMORZE
Przyst.promowa
BRZEŹNO
NOWY PORT
ZASPA
OLIWA
katedra
Opactwo cystersów
WRZESZCZ
GDAŃSK
Stocznia Gdańska
Pom.Poległych Stoczniowców
Kościół Mariacki
Dwór Artusa
Żuraw
Muz.Morskie
STOGI
GÓRKI ZACH.
GÓRKI WSCH.
Rez.leśny Ptasi Raj
SOBIESZEWO
Świbno
Mikoszewo
Jantar
Junoszyno
Stegna
Rez. kormoranów
Kąty Rybackie
Były niem. obóz koncentr. Stutthof
Koleczkowo
Kamień
Marchowo
Bojan
Dobrzewino
Chwaszczyno
Kielno
Warzno
Tuchom
Tuchomek
Jez.Tuchomskie
Kłosowo
Warzenko
Czeczewo
WYSOKA
Barniewice
Nw.Świat
Baninо
Tokary
Przodkowo
Miszewo
KLUKOWO
RĘBIECHOWO
FIROGA
Lot. Rębiechowo
BYSEWO
Czaple
KOKOSZKI
Żukowo
LNISKA
Kość. i d.klasztor Norbertanek
Łężno
KIEŁPINO GRN.
JASIEŃ
SUCHANINO
ŁOSTOWICE
ORUNIA
Przejazdowo
Wiślinka
Bogatka
Bystra
Koszwały
Trzcinisko
Otomin
Grodzisko Otomin
Sulmin
Rez. przyr.nieożywionej BursztynowaG.
Kowale
Borkowo
Lublewo Gd.
Bąkowo
Straszyn
ŚWIĘTY WOJCIECH
Mokry Dwór
Wiślina
Radunica
Rokitnica
Ełganowo
Kolbudy Grn.
Rez.krajobr. Jar Reknicy
Juszkowo
PRUSZCZ GDAŃSKI
Rusocin
Cieplewo
Rekcin
Łęgowo
Kleszczewko
Pregowo Dln.
Pręgowo Grn.
Bielkówko
Lisewiec
Żuława
Jagatowo
Żukczyn
Kłodawa
Różyny
Wiatrak holenderski
Krzywe Koło
Skowarcz
Pszczółki
Trąbki Wlk.
Trąbki Mł.
Kaczki
Sobowidz
Żelisławki
Rębielcz
Kolnik
Malenin
Miłobądz
Mieścin
Łukocin
Dalwin
Dąbrówka Tczewska
Stanisławie
TCZEW
Lubiszewo
Kościół par. Św.Krzyża
OS.STASZICA
Dąbrowa
Lisewo Malborskie
Lichnowki
Lichnowy
Tropiszewo
Laski
Tralewo
Dębina
Lasowice Wlk.
NOWY STAW
Parszewo
Trępnowy
Pordenowo
Palczewo
Kozliny
Boręty
Steblewo
Suchy Dąb
Giemlice
Osice
Długie Pole
Leszkowy
Trutnowy
Cedry Wlk.
Cedry Mł.
Miłocin
Stanisławowo
Wróblewo
Ledowo
Wocławy
Błotnik
Kiezmark
Nw. Koscielnica
Niedźwiedziówka
Grabiny-Zameczek
Drewnica
Przemysław
Żuławki
Steblewo
Izbiska
Bronowo
Chorążówka
Świerznica
Rybina
Tujsk
Nowotna
Stobiec
Wybicko
Żelichowo
Str.Babki
Gozdawa
Cyganek
Grobelno
Piaskowiec
Ostaszewo
Jeziernik
Orłowo
NOWY DWÓR GDAŃSKI
Piotrowo
Kmiecin
Rakowe Pole
Rychnowo Żuławskie
Tuja
Lubieszewo
Gniazdowo
Nowa Cerkiew
Mirowo
Marynowy
Myszewko
Chlebówka
Świerki
Lipinka
Myszewo
Mierzeszyn
Zaskoczyn
Czerniewo
Trąbki Wlk.
Graniczna Wieś
Ełganowo
Gołębiewo Średnie
Gołębiewko
Szczerbięcin
Mirowo Duże
Postołowo
Boże Pole Królewskie
Kamierowskie Piece
Nw. Gołębiewko
Rościszewo
Godziszewo
Jez.Damaszka
Damaszka
Turze
Demlin
Bolesławowo
Kamierowo
Szczodrowo
Wysin
Jez.Starowieckie
Chrósty Wysińskie
Nw.Wiec
Pawłowo
Sucha Huta
Szatarpy
Drzewina
Olszanka
Błotnia
Kierzkowo
Borowina
Piekło Grn.
Huta
Przywidz
Grodzisko Przywidz
Rez. krajobrazowy
Miłowo
Klonowo Dln.
Pomlewo
Jez.Przywidzkie
Kozia Góra
Huta Grn.
Michalin
Nw.Wieś Przywidzka
Marszewo
Jodłowno
Babi Dół
Czapielsko
Kolbudy Grn.
Ostróżki
Buszkowy Grn.
Warcz
Kleszczewo
Wyczechowo
Borcz
Krowie Łąki
Skrzeszewo Żukowskie
Jez.Łapińskie
Przyjaźń
Niestępowo
Nowy Glincz
Otomino
Borkowo
Sitno
Borowo
Dzierżążno
Rez.krajobr. Jar Raduni
Kobysewo
Elżbietowo
Smołdzino
Jez.Głębokie
Pępowo
Małkowo
Załęże
Rez.leśny Gałęźna Góra
Nw.Dwór Wejherowski
Sopieszyno
Bieszkowice
Kielenska Huta
Leśno
Rębiska
Rąb
Jez.Osowskie
Jez.Wysockie

# Evita, Kinsky und das Meer

Der alte Sand und das Meer – an der polnischen Ostseeküste wird da gleich ein Paradies draus: ein Strandparadies nämlich, von dem man alles erwarten darf, nur nicht, dass man es für sich alleine hätte. Zwei Millionen Urlauber und Tagesgäste jährlich können nicht irren, es sei denn, sie würden hier ausschließlich zum Baden herfahren. Denn die polnische Ostseeküste bietet noch viel mehr als das Meer: Musicals in Gdingen, Kinskys Geburtshaus in Zoppot Rokokoklänge in Oliva ...

*An Gdingens Mole liegen die Museumsschiffe*

## 01 GDYNIA/GDINGEN

**Das 1253 erstmals erwähnte Gdingen war bis 1922 nur ein unbedeutendes Fischerdorf. Dann kam die Entscheidung zum Bau eines Seehafens für das wieder erstandene Polen. Innerhalb von nicht einmal zwei Jahrzehnten wurde eine Großstadt komplett aus dem Boden gestampft, mit breiten, geraden Straßen und funktionalistischen Gebäuden.** 1939 besaß Gdingen bereits 113 000 Einw., und der Hafen war der größte an der gesamten Ostsee. Bis heute bilden der Hafen und die erfolgreiche Werft das wirtschaftliche Rückgrat (250 000 Einw.), und die Arbeitslosenrate liegt weit unter dem Durchschnitt Polens.

**SEHENSWERT** In Deutschland waren mit Beginn des Nationalsozialismus die fortschrittlichen Ideen des Bauhauses verpönt, in Gdingen lebten sie fort. Viele Architekten konnten hier ihre Ideen von einer modernen Stadt verwirklichen. Architektonische Details wie Fenster in Form von Bullaugen, abgestufte Etagen, abgerundete Ecken oder prägnante Kaminsimse ließen die neuen Bauten ein wenig wie gestrandete Ozeanriesen wirken. Beispiele für diese funktionalistische Architektur finden sich u.a. entlang und in der Nähe der beliebtesten Einkaufsstraße der Dreistadt mit ihren Geschäften und Cafés, der Świętojańska: das ehem. Kaufhaus Bon Marché (Świętojańska 38), das Bürogebäude in der Al. 10-go Lutego 24 (Allee des 10. Februar) und der Marinesitz am Skwer Kościuszki 10. Auch die expressionistische **Markthalle** an der Straße Wójta Radtkego 38 stammt aus den 1930er-Jahren; angesichts der großen Auswahl an frischem Obst, Gemüse und Fisch verbreitet sich innen eine mediterrane Atmosphäre. Heute versuchen viele Architekten von modernen Bürogebäuden und Einkaufszentren an den alten Stil von Gdingen anzuknüpfen; ein Beispiel dafür ist das in Form eines Schiffs gebaute Einkaufszentrum **Batory** an der Al. 10-go Lutego. Die breite **Südmole** ist beliebtester Treffpunkt in Gdingen. Hier legen die Ausflugsschiffe und Fähren an, auf den Fischkuttern und in den Tavernen kann man gebratenen Fisch kaufen. Neben der Mole befindet sich ein großer Jachthafen. Hier liegt der Stolz der Stadt, das **Segelschulschiff „Dar Pomorza“** TOPZIEL, seit 1982 fest vertäut; der Name bedeutet „Geschenk Pommerns“, denn das 1909 in Hamburg gebaute Dreimastvollschiff wurde 1929 mit Spenden von Pommerns Bevölkerung gekauft und der Meeresakademie in Gdynia als Schulschiff übergeben (Di.–So. 10.00 bis 15.00, im Sommer bis 18.00 Uhr). Ein weiteres Museumsschiff ist der **Zerstörer „Błyskawica“**; das in England gebaute Kriegsschiff fuhr ab 1937 unter polnischer Flagge und war am Seekrieg des Zweiten Weltkriegs beteiligt (tgl. 10.00–12.00, 14.00–17.00 Uhr). Ebenfalls auf der Mole befindet sich das **Ozeanografische Museum**; sein Meeresaquarium, größtes in Polen, gibt einen beeindruckenden Einblick in die Geheimnisse der Unterwasserwelten (Akwarium Gdyńskie, Di.–So. 10.00–17.00, im Sommer tgl. 9.00–18.00 Uhr).
Der **Steinberg** (Kamienna Góra; 52 m) bietet eine gute Aussicht auf den Hafen. In den 1920er- und 1930er-Jahren entstanden dort viele prachtvolle Villen. Im städtischen Park finden im Sommer häufig Konzerte statt. Einen guten Blick aufs Meer hat die Terrasse des brasilianischen Restaurants „Rodizio El Toro“ (tgl. 12.00–24.00 Uhr).

**MUSEEN** Das neu gebaute **Stadtmuseum**, Muzeum Miasta Gdyni, öffnete Ende 2007 unweit der Südmole. Dort werden Dokumente zur Stadtgeschichte und Kunstwerke aus der Region gezeigt (ul. Zawiszy Czarnego 1, www.muzeumgdynia.pl, geöffnet: Di–So. 10.00–17.00 Uhr). Zweigstelle im 100 Jahre alten Abrahamhaus (Domek Abrahama, ul. Satarowiejska 30, Di.–So. 10.00–16.00 Uhr). Im **Museum der Kriegsmarine**, Muzeum Marynarki Wojenniej, wird Kriegsgerät

**Tipp**

### Evita und der Sommerjazz

Ob „Jesus Christ Superstar“, „Evita“ oder „Chicago“: Viele weltberühmte Musicals gehören zum Repertoire des 1957 gegründeten Gdingener Musiktheaters. Mehr als 200 Mal fiel dort der Premierenvorhang. Mit rund 500 Aufführungen ist „Anatevka“ die erfolgreichste Produktion, „Les Misérables“ brachten es auf mehr als 200 Vorstellungen. Das nahe der Südmole gelegene Theater ist mit rund 2000 Sitzplätzen eine der größten Bühnen Polens. Auch andere Großveranstaltungen wie die Gdingener Sommer-Jazz-Tage im Juli finden dort statt.

*plac Grunwaldzi 1, Programminfo www.teatrmuzyczny.gdynia.pl, Kasse Tel. 058/6616000*

**Tipp**

### Wracks unter Wasser

Im 16. und 17. Jh. sanken in der Bucht vor Danzig mehrere polnische, schwedische und dänische Kriegsschiffe. Im Zweiten Weltkrieg endete hier die Fahrt für das polnische Kriegsschiff „Gryf“ und das U-Boot „Wicher“. In den letzten Kriegstagen wurden die mit Tausenden Flüchtlingen besetzten Schiffe „Goya“ und „Wilhelm Gustloff“ versenkt. Viele Wracks befinden sich nur in geringer Tiefe und sind heute beliebte Ziele für Taucher. Entsprechende Exkursionen organisiert u.a. das Tauchzentrum Ticada in Gdingen. Anfänger haben ihre ersten Tauchgänge meist bei den Ruinen des Torpedowanias, rund 200 m vor der Küste bei Gdingen. Etwa 7 m unter der Wasseroberfläche kann man durch die Gänge dieser riesigen Anlage tauchen, die von der deutschen Wehrmacht für Torpedotests erbaut wurde

*Tauchcenter Ticada, ul. Janka Wiśniewskiego 26, Tel. 0506/139679, www.ticada.pl.*

der vergangenen fünf Jahrhunderte ausgestellt (Bulwar Nadmorski; tgl. 10.00–16.00 Uhr, Sommer bis 17.00 Uhr).

**KLUBS** Die Hafenstadt bietet ein abwechslungsreiches Nachtleben. Beliebte Treffs sind **Künstlerkneipen** wie **Cyganeria** (ul. 3 Maja 27), **Czasostop Artystyczny** (ul. Derdoskiego 11) oder **Tygiel** (ul. Abrahama 86). In den urigen Tavernen um den Skwer Kościuszki erklingt abends häufig Shantymusik. Im **Veranstaltungszelt Pokład** am Skwer Kościuszki treten bekannte Jazz- und Rockstars auf. Das Liveprogramm im Klub **Ucho** reicht von Jazz bis Punk (ul. Św. Piotra 2); zu später Stunde wird zu Techno und HipHop getanzt.

**VERANSTALTUNGEN** Das Städtische Theater (Teatr Miejski im. Witolda Gombrowicza; ul. Bema 26) bespielt im Sommer die Freilichtbühne an der 135 m langen hölzernen Mole von Orłowo (Tel. 058/6208801, www.teatr gombrowicza. art.pl). Im Juli werden die **Sommer-Jazz-Tage von Gdynia** veranstaltet, im Aug. **Internationale Segeltage**.

**UNTERKUNFT** Das **Hotel Willa Lubicz** ist ein kleines Komforthotel in einer funktionalistischen Villa aus den 1930er-Jahren im Vorort Orłowo (ul. Orłowska 43, 81522 Gdynia, Tel. 058/6684740, Fax 058/6684741, www.willa lubicz.pl), das **Hotel Nadmorski** ein neues Komforthotel am Strand von Redłowo (ul. Ejsmonda 2, 81409 Gdynia, Tel. 058/6677777, Fax 6677700, www.nadmorski.pl).

**UMGEBUNG** Das kleine **Rewa** (12 km nördl.) entwickelt sich zu einem zweiten großen Zentrum für Kite-Surfer neben der Halbinsel Hela.
Die über 20000 ha des **Naturparks Trójmiejski Park Krajobrazowy** (westl.) sind seit 1979 ein beliebtes Ausflugsgebiet in unmittelbarer Nachbarschaft der drei Küstenstädte. Das eiszeitlich geformte Mischwaldgebiet mit bis zu 200 m hohen Bergen und tiefen Schluchten ist von zahlreichen Spazier- und Fahrradwegen durchzogen.

**INFORMATION**
*Informacja Turystyczna, Plac Konstytucji 1 (im Hauptbahnhof, im Sommer Filiale an der Südmole), 81354 Gdynia, Tel./Fax 058/7212466, www.gdynia.pl*

## 02 SOPOT/ZOPPOT

**Erstmals erwähnt 1283, hatten hier bereits im 16. Jh. Danziger Patrizier ihre Sommerfrische. Die Entwicklung zum Kurort verdankt Zoppot Jean Georg Haffner, einem Arzt in Napoleons Armee. Er war von dem Ort so angetan, dass er den Dienst in der Armee quittierte und dort 1823 mit dem Bau einer Badeanstalt begann.** Später kamen ein Kurhaus, der Park und die Mole hinzu – innerhalb weniger Jahre war aus dem kleinen Fischerdorf ein bekanntes Seebad geworden. Ab den 1920er-Jahren trafen sich die Schönen und Reichen aus ganz Europa an der „Riviera des Nordens". Heute zählt die Stadt knapp 50 000 Einw.

**SEHENSWERT** Ein großes Wandbild in der Kościuszki-Straße 10 unweit des Bahnhofs zeigt die vielen Gesichter des Nikolaus Günther Nakszyński. 1926 wurde er in der zweigeschossigen Villa geboren und verbrachte dort seine ersten vier Lebensjahre. Weltberühmt wurde er später unter seinem Künstlernamen Klaus Kinski. Seit einigen Jahren erinnert eine kleine Bar und Galerie in **Kinskys Geburtshaus** an den extrovertierten Schauspieler. Die Bar und Galerie „Kinski" ist tgl. 10.00–24.00 Uhr geöffnet.
Die mit 511,5 m längste hölzerne **Seebrücke** TOPZIEL Europas erhielt ihre heutige Form und Länge im Jahr 1927; hier legen die Ausflugsdampfer aus Danzig und Gdingen an, und hier finden im Sommer zahlreiche Konzerte und Sportveranstaltungen statt. Neben der leuchtend weißen Mole befindet sich die Anf. des 20. Jh. erbaute balneologische Abteilung des **Kurbads** mit einer Trinkhalle. Nördl. der Seebrücke entstand 1924–1927 direkt am Strand das mondäne „Grand Hotel". Es hatte in seiner Geschichte viele Berühmtheiten beherbergt; nach Komplettsanierung ist es seit 2006 ein 5-Sterne-Hotel der Marke Sofitel (ul. Powstanców Warszawy 12, Tel. 058/5206000, www.orbis.pl). In der Nähe des Strandes entstanden zur selben Zeit schöne **Villen**; ein Teil wurde bereits restauriert. Das direkt am Strand gelegene ehem. **Südbad** entstand 1907 in norwegischem Stil aus dunklem Holz und beherbergt seit einigen Jahren das chinesische Hotel und Restaurant „Zhong Hua" (ul. Wojska Polskiego 1, Tel. 058/ 5502020, www.zhonghua.com.pl). An der Mole beginnt Zoppots bekannteste Straße, die **ul. Bohaterów Monte Cassino**; entlang der belebten Fußgängerzone gibt es zahlreiche Cafés und Restaurants. Etwas entfernt liegt in der ul. Czyżewskiego das 200 Jahre alte Herrenhaus der Familie Sierakowski, heute Sitz der Gesellschaft der Freunde von Sopot; jeden Do. ab 18.00 Uhr werden bei freiem Eintritt klassische Konzerte gegeben. Die Monciak genannte Fußgängerzone führt weiter bergauf bis zur **Waldoper** (Opera Leśna); die Freiluftarena mit mehr als 4000 Plätzen (1909) war vor allem für Wagner-Opern gedacht. Heute treten bei den Sommerfestivals weltbekannte Rock- und Popstars auf (Programm: www.sopot.pl).

**Tipp**

### Fischerei-Geschichten

Jerzy Piątek ist Fischer in der dritten Generation und fuhr 34 Jahre lang zur See. Wie seine Vorfahren sammelte er in seinem kleinen Schuppen alles, was mit der Fischerei zu tun hat. So entstand das originellste Museum in der Hafenstadt Zoppot. Am Fischerhafen stellt Piątek seine Schätze aus und erzählt Interessierten gerne die dazu passenden Geschichten: handgefertigte Baumwollnetze, 100 Jahre alte Schiffsmotoren, Morseapparate oder Räucheröfen. Piątek, der gut Deutsch spricht, klagt über den Rückgang der Fischerei. Von früher 15 Booten am Strand von Zoppot seien es nur noch fünf. Verschmutzung und Überfischung hätten die Bestände drastisch reduziert. Gleich neben dem kleinsten Museum des Ferienortes liegt die Bar „Przystań", eines der beliebtesten Fischlokale der Dreistadt. Obwohl das Lokal immer weiter ausgebaut wird, drängen sich dort die Gäste.

*Al. Wojska Polskiego 11, www. barprzystan.pl, tgl. 11.00–23.00 Uhr*

**MUSEEN** Das **Stadtmuseum** befindet sich in der 1904 gebauten ehem. Villa des Fabrikanten Ernst Claaszen direkt am Strand; hier werden Dokumente zur Geschichte der Stadt und Wechselausstellungen gezeigt (Muzeum Sopot, ul. J. Poniatowskiego 8, www.muzeumsopotu.pl, Di.–Fr. 10.00–16.00, Sa. und So. 11.00–17.00 Uhr). Die **Staatliche Kunstgalerie** ist einer der renommiertesten Ausstellungsorte für zeitgenössische Kunst in der Dreistadt (Państwowa Galeria Sztuki, ul. M. Skłodowskiej-Curie 10, www.pgs.pl, Di.–So. 11.00 bis 18.00 Uhr).

**KLUBS** In unmittelbarer Nähe der Mole haben sich einige der beliebtesten Klubs der Dreistadt angesiedelt: **Sfinx** (ul. Mamuszki 1; gelegentlich Konzerte), **Viva Club** (Al. Mamuszki 2; Großdisco am Meer) und **Mandarynka** (ul. Bema 6; drei Etagen ganz in apfelsinenfarbenem Dekor).

**VERANSTALTUNGEN** In der Waldoper werden sowohl klassische Aufführungen als auch Rock- und Popkonzerte geboten; wichtigstes Ereignis ist das **Sopot-Festival** Ende Aug. Auf der Mole finden in den Sommermonaten zahlreiche Veranstaltungen statt, u.a. im Aug. ein **Jazzfestival**.

**AKTIVITÄTEN** Der Strand von Sopot zählt zu den schönsten an der Ostsee und erstreckt sich sichelförmig auf 4 km zu beiden Seiten der Seebrücke. Im südl. Abschnitt befindet sich ein kleiner Fischereihafen; in seiner Nähe gibt es ein modernes Segel- und Surfzentrum. Seit 1898 rühmt sich Zoppot seiner **Pferderennbahn** mit Meerblick; einst trafen sich dort die Schönen und Reichen. Seit einigen Jahren spürt man wieder einen Hauch von Ascot, wenn im Juli die zweitägigen Galopprennen veranstaltet werden. In der Reithalle kann man Reitunterricht nehmen (Tel. 058/5517896, www.hipodrom.sopot.pl).

**UNTERKUNFT** Das **Haffner** ist ein Komforthotel mit großem Wellnessbereich (ul. J. J. Haffnera 59, 81715 Sopot, Tel. 058/5509999, Fax 058/5509800, www.hotelhaffner.pl), das **Rezydent** ein ansprechendes Hotel an der beliebten Fußgängerzone „Monciak" (Plac Konstitucji 3 Maja 3, 81704 Sopot, Tel. 058/5555800, Fax 058/5555801, www.hotelrezydent.pl), die **Villa Sedan** ein kleines Komforthotel in einer hübschen Villa von Anf. des 20. Jh. (ul. Pułaskiego 18, 81762 Sopot, Tel./Fax 058/5510617, www.sedan.pl).

**INFORMATION**
*Informacja Turystyczna, ul. Dworcowa 4, 81704 Sopot, Tel. 058/5503783, Fax 058/5551227, www.sopot.pl*

## 03 OLIWA/OLIVA

**Zisterziensermönche gründeten im Jahr 1188 ihr Kloster Oliva (1831 aufgehoben). 1925 wurde dann aus der ehem. Klosterеine Bischofskirche – Danzig war zum Bistum geworden. Weltberühmt ist die Rokoko-Orgel der Kathedrale; mehrmals täglich kann man ihrem einzigartigen Klang lauschen.** Besinnlich ist auch ein Spaziergang durch den im 18. Jh. angelegten Schlosspark hinter dem Gotteshaus. Schon für Goethe und Humboldt gehörte Oliva zu den schönsten Orten der Welt.

**SEHENSWERT** Wichtigstes Ziel für Touristen ist die um 1350 erbaute gotische und später barockisierte **Kathedrale**. Wirkt sie durch ihre schmale, hoch aufragende Stirnseite eher bescheiden, so ist man beim Eintritt von den gewaltigen Ausmaßen des 107 m langen, dreischiffigen Bauwerks überwältigt. 1788 erklang erstmals die von dem Zisterziensermönch Johann Wulf gefertigte Orgel mit ihren 7876 Pfeifen aus Zinn und Holz.

## 04 WESTERPLATTE

**Ab 4.45 Uhr am 1. September 1939 beschoss der Panzerkreuzer „Schleswig-Holstein" das polnische Munitionsdepot und dessen Besatzung – der Zweite Weltkrieg begann.** Sieben Tage leisteten die 182 polnischen

*Ausflugsboot auf der Frischen Nehrung*

Soldaten der Übermacht erbitterten Widerstand, dann kapitulierten sie. 1966 wurde auf der Halbinsel ein monumentales Denkmal zu Ehren der Verteidiger errichtet. Die Westerplatte ist gut per Ausflugsschiff von Danzigs Anlegestelle am Grünen Tor aus zu erreichen. Südöstl. steht an der Weichselmündung die **Festung Weichselmünde** (Twierdza Wisłoujście), im 15. Jh. zur Verteidigung der Hafenzufahrt Danzigs angelegt.

## 05 STEGNA/STEEGEN

Auch östl. Danzigs reihen sich die Strände bis zur Frischen Nehrung. Bekannte Ferienorte dort sind Steegen (Stegna) und Paserwark (Jantar).

**UMGEBUNG** Die längsten Strände bietet die **Insel Bohnsack** (Sobieszewo), noch zu Danzig gehörend und doch fast 20 km von der Innenstadt entfernt. Die vielen sonnenhungrigen Sommertouristen verlieren sich fast an dem 15 km langen Sandstrand des ehem. Fischerdorfs. Eine kleine Autofähre verbindet Bohnsack im Sommer mit dem Festland an der östlichen Danziger Bucht; dort setzen sich die breiten Strände fort.
Der Name **Stutthof** (Sztutowo) verbindet sich vor allem mit dem ersten Konzentrationslager, das 1939 auf polnischem Gebiet errichtet wurde, heute ein Museum (Muzeum Martyrologii, www.stutthof.pl; Mai–Sept. tgl. 8.00–18.00, sonst 8.00 bis 15.00 Uhr, Mo. keine Führungen und Dokumentarfilme).

**VERANSTALTUNG** Im Aug. finden in Paserwark (Jantar) die originellen Weltmeisterschaften im **Bernsteinfischen** statt. Mit an langen Stangen befestigten Netzen durchkämmen die Teilnehmer den Meeresboden nach dem Gold des Nordens.

## Nicht versäumen!

KULTUR

**Der Stolz der Stadt**
Im Jachthafen von Gdingen liegt das Segelschulschiff „Dar Pomorza", ein 1909 in Hamburg gebautes Dreimastvollschiff, das 1929 mit Spendengeldern gekauft und der hiesigen Meeresakademie als Schulschiff übergeben wurde.

**TOPZIEL** Siehe Nr. 01

AKTIV

**Abenteuer unter dem Meer**
Wracktauchen in der Bucht vor Danzig: Exkursionen organisiert u.a. das Tauchzentrum Ticada in Gdingen. Anfänger haben ihre ersten Tauchgänge meist bei den Ruinen des Torpedowanias, rund 200 m vor der Küste bei Gdingen.

Siehe Nr. 01

KULTUR

**Die längste hölzerne Seebrücke**
Die mit 511,5 m längste hölzerne Seebrücke Europas erhielt ihre heutige Form und Länge im Jahr 1927; hier legen die Ausflugsdampfer aus Danzig und Gdingen an, finden im Sommer Konzerte und Sportveranstaltungen statt.

**TOPZIEL** Siehe Nr. 02

KULTUR

**Originellstes Museum von Zoppot**
Jerzy Piątek ist Fischer in der dritten Generation und fuhr 34 Jahre lang zur See. Wie seine Vorfahren sammelte er in seinem kleinen Schuppen alles, was mit der Fischerei zu tun hat. So entstand das originellste Museum von Zoppot.

Siehe Nr. 02

KULTUR

**Himmlische Klänge in Rokokopracht**
Weltberühmt ist die Rokoko-Orgel der Kathedrale von Oliva. Mehrmals täglich kann man ihrem einzigartigen Klang lauschen. Besinnlich ist auch ein Spaziergang durch den Schlosspark hinter dem Gotteshaus.

Siehe Nr. 03

# Von der Sahara in die Schweiz

Jeder Kaschube kennt die Legende von der Erschaffung der Welt: Als Gott sein Werk vollbracht hatte, waren die Engel glücklich. Einzig der Engel der Kaschuben blickte ganz traurig, weil sein Land nur aus Sand bestand. Da kippte Gott die letzten Reste aus seiner großen Kiste, und die Ödnis verwandelte sich in ein Paradies mit Bergen, Wäldern und Seen. Der Engel freute sich, denn nun war sein Kaschubien schöner als alle anderen Teile der Welt.

*Umgeben von typisch kaschubischer Landschaft liegt im Norden das Kloster Zarnowitz*

01

02

03

04

*Wunderbare feinsandige und breite Strände wechseln sich mit Dünenlandschaften und bizarr zerklüfteten Steilküsten ab.*

Kaschubien reicht von den gewaltigen Wanderdünen bei Leba bis zur eindrucksvollen Steilküste von Habichtsberg, von der schmalen Halbinsel Hela zur hügeligen Kaschubischen Schweiz mit Hunderten von klaren Seen und tiefen Wäldern. Zum Glück beließ Gott einen kleinen Zipfel im Nordwesten in seinem ursprünglichen Zustand. Eine grandiose Wüstenlandschaft erstreckt sich dort am Rand des Fischerortes Leba. Bis zu 50 Meter hoch türmen sich die Wanderdünen – eine „polnische Sahara". Vor mehreren tausend Jahren entstanden, bewegen sie sich jedes Jahr bis zu zehn Meter weiter landeinwärts und begraben alles unter sich, was ihnen im Wege ist. Wer mitten in der Wüstenlandschaft steht, sieht um sich nichts als Sand. Dabei sind es nur wenige Minuten bis zur Ostsee.

### Polnische Sahara am Meer

Die beeindruckende Dünenlandschaft ist Teil des 1977 von der UNESCO zum Biosphärenreservat ernannten Slowinzischen Nationalparks, der auch zwei große Binnenseen umfasst, den Gardno- und den Labsko-See. Deren sumpfig-schilfige Uferzonen sind ein wichtiges Schutzgebiet für seltene Vögel wie Kraniche oder Seeadler. Benannt ist der Nationalpark nach der Volksgruppe der Slowinzen. Im Gegensatz zu den katholischen Kaschuben waren sie mehrheitlich protestantisch. Ihre Sprache ähnelte eher dem Deutschen als dem Polnischen. Nach 1945 mussten die meisten Slowinzen Polen verlassen. Erhalten blieb ihre Kultur bis heute im Dorf Klucken am Rande des Labsko-See. In den reetgedeckten Fachwerkhäusern des Freilichtmuseums erhält man einen Eindruck vom beschwerlichen Leben der früheren Fischer oder Torfstecher.

### Feinsandige Strände, bizarre Küsten

Die kaschubische Küste erstreckt sich rund 150 Kilometer lang von Leba bis zum Fischerdorf Hela am Ende der gleichnamigen Halbinsel. Wunderbare feinsandige und breite Strände wechseln sich mit Dünenlandschaften und bizarr zerklüfteten Steilküsten ab. Mit Beginn der Sommerferien wächst die Bewohnerzahl der sonst beschaulichen Ferienorte explosionsartig an, dann öffnen wie auf ein geheimes Kommando die Fischbratereien, Eisbuden und Andenkenläden längs der Strandpromenaden, und wo eben noch ein Schild freie Zimmer verhieß, erntet man nur noch ein bedauerndes Kopfschütteln. Man könnte meinen, ganz Polen sei an einem einzigen Ort versammelt, doch schon im Nachbardorf bietet sich genau das gleiche Bild. Kindergruppen aus den Ferienlagern,

**01** *Pferdekutschen bringen die Besucher zu den Dünen im Nationalpark*
**02** *In Habichtsberg werden Urlaubsträume realisiert*
**03** *Strandfreuden in Leba – im Hintergrund ist das Schlosshotel zu sehen*
**04** *Chałupy auf der Halbinsel Hela ist Polens Surferhochburg*

01

02

03

04

SPECIAL Peter & Paul

# Pilgerfahrt übers Meer

**Jedes Jahr am 29. Juni, dem Tag der Heiligen Peter und Paul, startet im kleinen Fischerdorf Kussfeld auf der Halbinsel Hela eine farbenfrohe Meerespilgerfahrt.**

Ihre Boote und Kutter haben die Fischer mit bunten Fahnen geschmückt, jeder führt ein großes Kreuz mit, dekoriert mit Eichenlaub. Neben den Fischern und ihren Familien besteigen auch Touristen die bunten Boote. Ziel der friedlichen Armada ist das Städtchen Putzig am anderen Ufer der Bucht. Auch aus den Orten Hela und Großendorf starten Boote. In der Mitte der Bucht werden sie bereits von Putziger Fischern erwartet. Der Danziger Erzbischof segnet dort die Boote, gemeinsam betet man für jene Fischer, die von der Fahrt aufs Meer nicht mehr zurückgekehrt sind. Im Putziger Hafen werden die ankommenden Boote von Einheimischen und Urlaubern gegrüßt, dann findet gemeinsam eine Messe für die Fischer statt.

verliebte Pärchen, Familien, alle zieht es zum Strand, den Handtücher, Luftmatratzen, Liegen, Sonnenschirme und Windschutze alsbald in einen kunterbunten Flickenteppich verwandeln. So schlagartig wie der Rummel beginnt, so endet er gut zwei Monate später wieder. Nur noch das Säuseln der Brandung und die Schreie der Möwen begleiten dann den nun einsamen Strandspaziergänger in der erfrischenden Meeresluft.

### Große Sprünge am Ostseestrand

Hinter Großendorf, einem der größten Fischereihäfen der Ostsee, reckt sich die Halbinsel Hela wie ein gekrümmter Finger in die Ostsee. An den schmalsten Stellen misst sie kaum mehr als 100 Meter, gerade breit genug, dass eine Straße, die Bahnlinie und ein Fahrradweg nebeneinander Platz finden. Auf den Campingplätzen bei Chałupy versammeln sich in den Sommermonaten Hunderte Kitesurfer. Die Halbinsel gilt als eine der Top-Adressen für die Anhänger dieses Trendsports. Von ihren bunten Lenkdrachen lassen sie sich über das Wasser ziehen – waghalsige akrobatische Einlagen inbegriffen.
Große Sprünge lieben auch die Gäste des Ferienorts Jurata. Der Helaort mit seinen breiten, feinen Stränden gilt als der Treffpunkt von Polens Schönen und Reichen. Im noblen Strandhotel „Bryza“ lassen sie sich verwöhnen oder auch von überflüssigen Pfunden befreien. Auch Polens Staatspräsident Lech Kaczyński hat in Jurata seine Sommerresidenz.

### Intensiver Naturkontakt

Größer könnte der Gegensatz kaum sein: Während an der Küste den ganzen Sommer über Partystimmung herrscht, geht es im Süden Kaschubiens auch in der Hauptferienzeit meist eher ruhig zu. Wer hier in der Kaschubischen Schweiz seinen Urlaub verbringt, sucht die Stille und den intensiven Kontakt mit der Natur. Dafür ist das Endmoränengebiet mit seinen bis zu 300 Meter hohen Bergen, den mehr als 200 Seen und ausgedehnten Misch- und Nadelwäldern ideal.

### Eine der wohlhabensten Regionen

Das gesamte Gebiet ist dünn besiedelt, die Dörfer wirken sehr gepflegt. Viele neue Eigenheime lassen darauf schließen, dass die Kaschubische Schweiz zu den wohlhabenderen Regionen des Landes zählt. Eine Fahrt über die schmalen, oft kurvenreichen Alleen erlaubt faszinierende Ausblicke. Steil fallen manche der mit Gras oder Getreide bedeckten Berge ab, in den Tälern glitzern die Seen im Mittagslicht. Im Herzen der Kaschubischen Schweiz

**01** *Peter und Paul ist Putzigs Pfarrkirche geweiht*
**02** *Jakub Wejhers Neustadt: Abendstimmung am Markt*
**03** *Verwaltungsschlösschen: Putzigs Rathaus*
**04** *Aus Herrensitzen wurden Hotels: „Pałac Below“ südwestlich von Putzigs*

01

02

03

04

*Wer hier in der Kaschubischen Schweiz seinen Urlaub verbringt, der sucht die Stille und den intensiven Kontakt mit der Natur.*

**01** *Für Ruhe Suchende richtig: kaschubische Seen*
**02** *Die Seenlandschaften Polens sind Angler-paradiese: Radaunesee bei Chmelno*
**03** *Selbstbewusst: polnische Pfadfinder auf Tour*
**04** *Auch das Schloss Salino östlich von Leba wurde zum Hotel*
**05** *Kaschubien ist noch Bauernland*

01

02

bilden die miteinander verbundenen Radauneseen zwischen Ludwigsdorf und Stendsitz einen Ring von rund 60 Kilometern Länge. Sie zählen zu den klarsten hierzulande und lassen sich im Kajak gut erkunden.

### Feiern und Tanzen

Die Kaschubische Schweiz blieb bislang vom Massentourismus verschont, kleine Pensionen und private Ferienwohnungen überwiegen. Beliebt sind Ferien auf dem Bauernhof. Auch Robert Kolczyński verwandelte seinen reetgedeckten Schafstall in eine originelle Herberge. Meist klingen die Abende hier ruhig aus, doch wenn der vollbärtige Chef der „Kaszubska Strzecha" von Gorrentschin hinter seiner Musikanlage steht, dann wird hier länger und ausgelassener gefeiert und getanzt als in mancher Partyhochburg an der Küste.

*Für einen echten Kaschuben gehört eine Prise Schnupftabak zum Leben einfach dazu.*

### Treffen zum gemeinsamen Singen

Die Kleinstadt Karthaus ist das Zentrum der Kaschubischen Schweiz. Dort bringt Stanisław Schlicht den Besuchern des Kaschubischen Museums die inoffizielle Hymne des Landes bei. Mit einem langen Stock deutet er auf ein großes Notenblatt und singt mit sonorer Stimme vor:
„Das ist kurz und das ist lang, Hauptstadt des Kaschubenlands, dies der Bass, das die Geige …" Und weil sich die „Kaschubische Note" im Original sogar reimt, stimmt die deutsche Reisegruppe bald darauf ein: „To jest krótzi, to jest dłudzi …"
Zur Belohnung dürfen sich die Gäste hinterher aus der Schnupftabakdose des Museumsführers bedienen. Denn für einen echten Kaschuben gehört eine Prise zum Leben einfach dazu.

**01** *Die Zukunft auch von Polens Pferden ist der Freizeitsport*
**02** *In der ehemaligen Klosterkirche von Karthaus*
**03** *Zünftig zu geht es auf den „Kaschubischen Abenden"*
**04** *Freilichtmuseum von Sanddorf*

01
02
03
04
05
06
07
08
09
Klaipėda
Gdynia
Sassnitz
Karlskrona
Baltijsk
Słowiński Park Narodowy
Jez. Łebsko
Jez. Gardno
Łeba
Władysławowo
Jastrzębia G.
Rozewie
Karwia
Dębki
Krokowa
Puck
Mierzeja Helska
Jastarnia
Jurata
Hel
Chałupy
Zatoka Pucka
Zatoka Gdańska
Ustka
Słupsk
Lębork
Wejherowo
Reda
Rumia
Gdynia
Sopot
Gdańsk
Oliwa
Kartuzy
Chmielno
Żukowo
Pruszcz Gdański
Tczew
Zamek krzyżacki
Malbork
Starogard Gdański
Pelplin
Gniew
Kwidzyn
Grudziądz
Bytów
Kościerzyna
Wlk. Klincz
Miastko
Człuchów
Chojnice
Tuchola
Park Narodowy Bory Tucholskie
Jez. Charzykowskie
Jez. Wdzydze
Świecie
Chełmno
Chełmża
Wąbrzeźno
Nowe
Koronowo
Złotów
Więcbork
Sępólno Krajeńskie
Kamień Krajeński
Jez. Koronowskie
Jez. Żarnowieckie
Jez. Raduńskie
Jez. Wierzchy
Jez. Szczytno
Jez. Sławianowskie
Wisła
P O B R Z E Ż E K A S Z U B S K I E
S Ł O W I Ń S K I E
K A S Z U B Y
P O J E Z I E R Z E K A S Z U B S K I E
B O R Y T U C H O L S K I E
D O L I N A D O L N E J W I S Ł Y
Ż U Ł A W Y W I Ś L A N E
P O J E Z I E R Z E K R A J E Ń S K I E
P O J E Z I E R Z E C H E Ł M I Ń S K I E
P O J E Z I E R Z E I Ł A W S K I E

# Wo Polen Urlaub macht

Günter Grass setzte den Kaschuben mit Anna Bronski, der kaschubischen Großmutter des Blechtrommlers Oskar Matzerath, ein literarisches Denkmal. Etwa 200 000 Kaschuben leben heute in der dünn besiedelten Region, in der die Polen bevorzugt Urlaub machen und die von den Wanderdünen bei Leba bis zur Steilküste von Habichtsberg reicht sowie von der schmalen Halbinsel Hela bis zur sanft gewellten Kaschubischen Schweiz mit ihren klaren Seen und Wäldern.

## 01 ŁEBA/LEBA

**Seit dem 11. Jh. als Fischersiedlung bekannt, erhielt Leba im Jahr 1357 Stadtrecht. Ursprünglich lag der Ort 2 km weiter westlich, musste aber um 1570 den Wanderdünen weichen.** Schon die expressionistischen Maler Max Pechstein und Karl Schmidt-Rottluff verbrachten hier gerne ihren Urlaub.

**SEHENSWERT** Reste der im Jahr 1360 erbauten **Dorfkirche** des alten Leba sind auf dem Weg zum Strand erkennbar. Ältestes Gebäude im heutigen Ort ist die kleine **Fischerkirche** (1683).

**UMGEBUNG** Die berühmten **Wanderdünen** **TOPZIEL** sind am besten von Rumbke (Rąbka; 2 km westl.) aus erreichbar. Vom Parkplatz kann man den 7 km langen Weg zu Fuß, per Leihfahrrad, Pferdekutsche oder Elektrokarren fortsetzen. **Schmolsin** (Smołdzino; 40 km westl.) liegt unterhalb des heiligen Bergs der Slowinzen, des 115 m hohen Revekol (Rowokoł), auf dem sich vermutlich früher eine heidnische Kultstätte befand. Im alten Herrenhaus unterhält der Slowinzische Nationalpark ein naturkundliches Museum (Muzeum Przyrodnicze, ul. Bohaterów Warszawy 1; tgl. 9.00–17.00, Winter 7.30–15.30 Uhr).
In **Klucken** (Kluki; 50 km westl.) am Jezioro Łebsko entstand ein Freilichtmuseum mit Fischerkaten und Bauernhäusern (Muzeum wsi słowińskiej; im Sommer tgl. 9.00–18.00, Mo. bis 15.00, sonst tgl. 9.00–15.00 Uhr).

**UNTERKUNFT** Architektonisches Schmuckstück ist das „Schlösschen" von 1907, heute Hotel Neptun (ul. Sosnowa 1, 84360 Łeba, Tel. 059/8661432, www.neptunhotel.pl).

**INFORMATION**
*Informacja Turystyczna, ul. 11-ego Listopada 5, 84360 Łeba, Tel./Fax 059/8662565, www.lotleba.pl*

*Hinter dem Sand liegt das Meer: Dünen bei Leba*

## 02 KROKOWA/KROCKOW

**Das Dorf Krockow gehörte ab dem 13. Jh. den gleichnamigen Grafen.** Die ersten Vertreter der Adelsfamilie waren mit dem Deutschen Orden nach Osten gezogen; der letzte Schlossherr musste nach dem Zweiten Weltkrieg Polen verlassen. Dessen Nachfahren engagieren sich heute wieder für die Entwicklung des Ortes.

**SEHENSWERT** Das **Barockschloss** aus dem 17. Jh. beherbergt die Stiftung „Europäische Begegnung – Kaschubisches Kulturzentrum Krokowa" mit Hotel. Eine Ausstellung erinnert an die 700-jährige Geschichte der Grafenfamilie (Tel. 058/7742111, www.zamekkrokowa.pl). Nebenan richtete das Westpreußische Landesmuseum aus dem westdeutschen Münster eine kleine Dependance ein (Muzeum Regionalne w Krokowej, ul. Zamkowa 1; Juli und Aug. tgl. 10.00 –18.00, Mai, Juni, Sept. und Okt. Di.–So. 10.30–16.00 Uhr).

**AKTIVITÄT** In **Wittenberg** (Białogóra; 11 km westl.) entstand ein großer und schöner Reiterhof an der Ostsee; neben 80 Pferden tummeln sich dort auch Pfaue, Störche, Strauße und Wildschweine (Stadnina Koni Białogóra, 84113 Wierzchucino, Tel. 058/7742600, Fax 058/6735271, www.stadninabialogora.pl).

**VERANSTALTUNG** Ein Stadtfest mit Musik und Tanz sind die **Tage von Krokowa** im Juli.

**UMGEBUNG** In **Zarnowitz** (Żarnowiec; nordwestl.) am gleichnamigen See gründeten Zisterzienser 1215 ein Kloster; es wird heute von Bernhardinerinnen betrieben. Die mittelalterliche Kirche, der Kreuzgang und der Klostergarten sind für Besucher zugänglich. Die breiten Sandstrände beim Fischerdorf **Dembeck** (Dębki; nordw.) ziehen seit einigen Jahren die Warschauer Schickeria an. Am Rand des Ortes gibt es einen der wenigen FKK-Strände in Polen.

**INFORMATION**
*Informacja Turystyczna, ul. Szkolna 2, 84110 Krokowa, Tel. 058/7742180, www.krokowa.pl*

## 03 WŁADYSŁAWOWO

**Władysławowo entstand nach dem Zweiten Weltkrieg aus dem Zusammenschluss des im Jahr 1284 erwähnten Ortes Großendorf (Wielka Wieś) und des nach 1920 angelegten Villenviertels Hallerowo.** Die größte Stadt an der kaschubischen Küste zählt etwa 15 000 Einw.

**SEHENSWERT** Im größten Fischereihafen Polens liegen rund 100 bunt bemalte Boote und Kutter. Vom Turm des ehem. **Fischereihauses** (heute Rathaus) bietet sich ein guter Blick auf die Halbinsel Hel.

**AKTIVITÄTEN** Am Rand der Stadt entstand vor 50 Jahren das **Olympische Trainingszentrum Cetniewo**. Die Übernachtungs- und Sportangebote stehen auch anderen Gästen zur Verfügung (ul. Żeromskiego 52, 84120 Władysławowo, Tel. 058/6746300, www. cetniewo.cos.pl).

**UMGEBUNG** Unterwegs in Richtung **Habichtsberg** (Jastrzębia Góra; 15 km westl.) und weiter bis nach Karwen (Karwia) erstreckt sich entlang der Küste ein 20 km langes Feriengebiet. Seit den satellitengestützten Messungen von 2001 darf sich Habichtsberg rühmen, nördlichster Punkt Polens zu sein – bis dahin gebührte diese Ehre dem nahen Kap von Rixhöft (Rozewie).

**UNTERKUNFT** Originell ist das **Hotel Pekin** im fernöstlichen Stil im Zentrum der Hafenstadt (ul. Niepodległoci 14, 84120 Władysławowo, Tel. 058/6748888, www.hotel-pekin.com.pl).

**INFORMATION**
*Informacja Turystyczna, ul. Gen. Hallera 4, 84120 Władysławowo, Tel. 058/6743472, nur im Sommer geöffnet, www2.wladyslawowo.pl*

## 04 PUCK/PUTZIG

**Die Kleinstadt (12 000 Einw.) liegt an der gleichnamigen Bucht.** Bereits im Jahr 1557 war hier ein Hafen für die polnische Kriegsflotte gebaut worden. Auch nach 1920 war Putzig für einige Jahre wichtigster Hafen des Landes.

**SEHENSWERT** Die **Altstadt** rund um den Marktplatz (plac Wolności) blieb in ihrer Struktur erhalten; die meisten Bauten stammen aus dem 18. und 19. Jh. Im Fachwerkbau des früheren Spitals (1725) befindet sich das **Museum des Putziger Landes** (Muzeum Ziemi Pucki, Mo.–Fr. 9.00–15.00, Sommer bis 17.00, Sa., So. 10.00 bis 14.00 Uhr).). Die alte **Schmiede** daneben besitzt noch ihre Einrichtung aus dem 19. Jh. Bedeutendstes Bauwerk ist die gotische **Pfarrkirche**

*Hotel Jan III. Sobieski in Rutzau*

**St. Peter und Paul** (Kościół Św. Piotra i Pawła, 14. Jh.). In ihrer Nähe werden die Grundmauern einer mittelalterlichen Burg frei gelegt.

**UMGEBUNG** Das Schloss am Strand von **Rutzau** (Rzucewo; 6 km südl.) trägt heute als Hotel den Namen des im 17. Jh. vor Wien als Feldherr im Kampf gegen die Türken erfolgreichen polnischen Königs Jan III. Sobieski (Rzucewo 6, 84100 Puck. Tel./Fax 058/6738805, www.zamek sobieski.pl).

**VERANSTALTUNG** **Pilgerfahrt der Fischer** von Hela am 29. Juni.

**INFORMATION**
*Informacja Turystyczna, plac, Wolności 2, 84100 Puck, Tel. 058/6732403, www.miasto.puck.pl*

## 05 HEL/HELA

**Der Weg in das Städtchen am Ende der Halbinsel war bis 1989 für Ausländer tabu, weil er durch militärisches Sperrgebiet führte.** Heute kann man wieder durch die von hübschen Fischerkaten gesäumt Wiejska-Straße schlendern.

**SEHENSWERT** Die **Kirche St. Peter und Paul** (Kościół Św. Piotra i Pawła, 15. Jh.) dient als Fischfangmuseum (Di.–So, 9.00–16.00 Uhr). Eine gute Aussicht verspricht der 41,50 m hohe Leuchtturm (tgl. 9.00–14.00 und 15.00 bis 18.00 Uhr). Die Danziger Universität betreibt eine **Robbenstation** (ul. Morska, www. fokarium.com; tgl. 8.30–20.00 Uhr, Winter verkürzt)..

**VERANSTALTUNGEN** Im Juli findet in Jastarnia der **Karneval des Meeres** statt, im Juli/ Aug. das **Kammermusik-Sommerfestival** in Hela.

**UNTERKUNFT** Das **Hotel Neptun** ist ein Mittelklassehotel mit Swimmingpool (ul. Mestwina 38, 84141 Jurata, Tel. 058/6756262, Fax 058/6756363, www.hotelneptun.pl). Im **Hotel Bryza** lässt sich Polens Oberschicht verwöhnen (ul. Międzymorze 2, 84141 Jurata, Tel. 058/ 6755100, www.bryza.pl).

**UMGEBUNG** **Jastarnia** ist der größte Badeort auf der Halbinsel. Die Kirche hat eine originelle Kanzel in Form eines Fischerbootes. In einer Fischerhütte in der ul. Rynkowa 10 (Chata rybacka, 19. Jh.) werden Gerätschaften der Fischer aus 500 Jahren ausgestellt (Di.–So. 14.00–18.00 Uhr).

**INFORMATION**
Informacja Turystyczna, ul. Wiejska 78, 84150 Hel, Tel. 058/6751010 (nur Sommer), www.hel-miasto.pl; Informacja Turystyczna, ul. Ks. Stefańskiego 5, 84140 Jastarnia, Tel./Fax 058/ 6752340, www.jastarnia.pl

**Tipp**

### Ein Himmel voller Drachen

An guten Tagen ist der Himmel vor den Küsten der Halbinsel Hela (Hel) voller bunter Drachen. Bis zu 200 Kitesurfer sind dann bei Chałupy gleichzeitig auf dem Wasser. Bei gutem Wind erreichen sie enormes Tempo, und Könner vollführen waghalsige Sprünge. Kiten, bei dem eine Art Surfbrett von einem lenkbaren Drachen gezogen wird, ist Trendsport, und Hela gilt europaweit als eines der besten Reviere. Rund ein Dutzend Surf- und Kiteschulen bieten hier ihre Dienste an. Das Haff zur einen Seite der Halbinsel ist sehr flach – ideal für Anfänger, die häufiger die Balance auf dem Brett verlieren und neu starten müssen –, das Wasser meist sehr ruhig. Profis tummeln sich am anderen Ufer des schmalen Landstücks, wo sie die rauere Ostsee erwartet. Saison ist von Mai bis September.

*Für einen fünfstündigen Einzelunterricht zahlen Anfänger ungefähr 100 Euro; aktuelle Informationen unter www.kite.pl*

## 06 WEJHEROWO/ NEUSTADT

**Benannt ist Neustadt nach ihrem Gründer Jakub Wejher.** Der legte 1643 den Grundstein zur Siedlung und begann mit dem Bau eines Kalvarienbergs. Heute ist Wejherowo mit fast 50 000 Einw. eine der größten kaschubischen Städte.

**SEHENSWERT** Der über 350-jährige **Neustädter Leidensweg** entstand nach dem Vorbild des Jerusalemer Tempelbergs; der Kalvarienberg wird Heiliger Berg und Kaschubisches Jerusalem genannt. Den alten **Marktplatz** (plac Wejher) säumen Bauten aus dem 17. und 18. Jh. Das **Rathaus** von 1650 wurde 1908 umgebaut. In der **Klosterkirche St. Anna** (Kościół Klastornego Św. Anny, 1650) befindet sich das gekrönte Bild der Muttergottes von Neustadt. Das **Kaschubisch-Pommersche Museum** für Schrifttum und Musik hat seinen Sitz im 1767 gebauten Przebendowski-Palast (Muzeum Pimiennictwa i Muzyki Kaszubsko-Pomorskiej, ul. Zamkowa 2; Mo. bis Fr. 8.00–15.00 Uhr).

**VERANSTALTUNGEN** Das **Festival der Lieder des Meeres** wird im Mai veranstaltet, der **Jahrmarkt** von Wejherowo im Juni.

**UMGEBUNG** In **Salino** (Saulin), nordw. von Wejherowo und 8 km südw. von Gnewin (Gniewino), kann man in einem schönen kaschubischen Herrenhaus aus dem 17. Jh. übernachten (www. salino.pl, Tel. 0608/430769).

**INFORMATION**
*Informacja Turystyczna, pl. Wejhera 8, 84200 Wejherowo, Tel. 058/6777023, www.wejherowo.pl*

## 07 KARTUZY/KARTHAUS

**Die Kleinstadt (17 000 Einw.) gilt als Zentrum der Kaschubischen Schweiz.** Sie verdankt ihren Namen Kartäusermönchen, die 1380 dort ein Kloster gründeten.

**SEHENSWERT** Zu den wertvollsten Kunstschätzen der **Klosterkirche** (Kolegiata Kartuska; 1381–1403) gehören flämische Ledertapeten aus dem 17. Jh., der Renaissance-Altar und das barocke Mönchsgestühl. Das **Kaschubische Museum** zeigt Gebrauchsgegenstände und Kunsthandwerk (Muzeum Kaszubskie, ul. Kościerska 1, Tel. 058/6811442, www.muzeum-kaszubskie.gda.pl).

**UMGEBUNG** Ebenfalls eine Klostergründung ist **Zuckau** (Żukowo; 13 km östl.), sehenswert der Schreinaltar (17. Jh.) in der Klosterkirche (Urspr. 13. Jh.). Das Pfarrmuseum zeigt liturgische Gewänder sowie kaschubische Stickereien aus der Zuckauer Schule. Miteinander verbundene Seen bilden westl. von Karthaus den Radaunekreis. An ihren Ufern liegen hübsche Ferienorte. In **Chmelno** ist seit rund 100 Jahren die Töpferfamilie Necel ansässig, deren Arbeiten in dem kleinen privaten Museum auch gekauft werden können (ul. Necla 141, Tel. 058/ 6842289). Der Turmberg (Wieżyca; 328 m) bei **Schönberg** (Szymbark; 17 km südw.) ist die höchste Erhebung in der Kaschubischen Schweiz.

**INFORMATION**
*Informacja Turystyczna, ul. Rynek 2, 83300 Kartuzy, Tel. 058/6840201, www.kartuzy.pl*

## 08 KOŚCIERZYNA/ BERENDT

**Die größte Stadt in der Kaschubischen Schweiz** (25000 Einw.) ist ein guter Ausgangspunkt für Ausflüge in die Region.

**Tipp**

### Das alte Kaschubien

In den kaschubischen Dörfern überwiegen moderne Einfamilienhäuser und Villen. Wer das ursprüngliche Kaschubien mit seinen strohgedeckten Fachwerkhäusern sucht, dem bleibt nur der Weg in eines der Freilichtmuseen. Das größte befindet sich im Ferienort **Sanddorf** **TOPZIEL** (Wdzydze Kiszewskie) im Süden Kaschubiens. Dort kauften Teodora und Izydor Gulgowski im Jahr 1906 ein Häuschen aus dem 18. Jh., in dem sie bald darauf das erste polnische Freilichtmuseum eröffneten. Das Ehepaar lehrte hier auch traditionelle Handwerkskünste wie das Sticken und Flechten. Stück für Stück wuchs ihr Museum durch alte Bauern- und Wohnhäuser, die irgendwo in der Region abgetragen und hier wieder aufgebaut wurden. Auch zwei Windmühlen und eine kleine Holzkirche sind zu besichtigen.

*Juli und August Di.–So. 10.00–18.00, übrige Sommermonate 9.00–16.00, sonst 10.00–15.00 Uhr*

**SEHENSWERT** Das neugotische **Rathaus** am Marktplatz stammt von 1845; das dortige Restaurant „Ratuszowa" mit schönem mittelalterlichen Kellergewölbe lohnt einen Besuch. Im ersten Stock gibt es eine Ausstellung über Stadt und Region (Mo.–Fr. 8.00–16.00 Uhr). In einer alten Lokomotivhalle entstand ein **Eisenbahnmuseum**. Von hier starten im Sommer Ausflüge mit einer alten Dampflok (Skansen Parawozownia, ul. Towarowa 7, Tel. 058/7218631, geöffnet tgl. 10.00 bis 18.00 Uhr).

**VERANSTALTUNGEN** Im Juli findet in Wdzydze Kiszewskie ein **Kaschubischer Jahrmarkt**, Ende Aug. in Kościerzyna das **Festival der Kaschubischen Lieder und Tänze** statt.

**UMGEBUNG** Im Herrenhaus von **Bendomin** (10 km öst. Rtg. Nowa Karcma) erinnert ein kleines Museum an Józef Wybicki (1747–1822), den Schöpfer der polnischen Nationalhymne (im Sommer Di.–Sa. 9.00–17.00, So. 10.00–17.00 Uhr, im Winter jeweils bis 15.00 Uhr). Der verzweigte See von Wdyzcze wird auch gern als das Kaschubische Meer bezeichnet. In **Sanddorf** **TOPZIEL** (Wdzydze Kiszewskie; 15 km südl.) befindet sich das größte kaschubische Freilichtmuseum (Muzeum Kaszubski Park Etnograficzny, www.infokoscierzyna.pl).

**INFORMATION**
*Informacja Turystyczna, ul. Rynek 21, 83400 Kościerzyna, Tel. 058/6862880, Fax 058/6800155, www.infokoscierzyna.pl*

## 09 BYTÓW/BÜTOW

**Die Ordensburg ist die größte Attraktion des westlichen Kaschubien.** Der mächtige gotische Bau mit vier Rundtürmen beherbergt als **Westkaschubisches Museum** Gebrauchsgegenstände und Kunsthandwerk (Muzeum Zachodnio-Kaszubskie; im Sommer Di.–So. 10.00–18.00, Mo. bis 16.00, im Winter tgl. 10.00–16.00 Uhr). Die ehem. ev. **Bergkirche St. Georg** (Kościół Św. Jerzego, 17. Jh.) dient heute der orthodoxen Gemeinde.

**VERANSTALTUNG** Im Juli finden die **Tage von Bütow** statt, ein Stadtfest mit Sportveranstaltungen, Musik (Rock, Country) und Tanz.

**UNTERKUNFT** Das **Herzoghaus** ist auch Hotel und Restaurant (Hotel Zamek, ul. Zamkowa 2, 77100 Bytów, Tel./Fax 059/8222094, www.hotel-zamek.com.pl).

**INFORMATION**
*Informacja Turystyczna, ul. Zamkowa 2, 77100 Bytów, Tel./Fax 059/8225597, www.bytow.eu*

## Nicht versäumen!

NATUR

**Die polnische Sahara**
Die berühmten Wanderdünen bei Leba – Teil des von der UNESCO zum Biosphärenreservat ernannten Slowinzischen Nationalparks – türmen sich bis zu 50 m hoch und entstanden schon vor mehreren tausend Jahren.

**TOPZIEL** Siehe Nr. 01

AKTIV

**Ein Himmel voller Drachen**
An guten Tagen ist der Himmel vor den Küsten der Halbinsel Hela voller bunter Drachen. Bis zu 200 Kitesurfer sind dann gleichzeitig auf dem Wasser – Hela gilt europaweit als eines der besten Reviere für diesen Trendsport.

Siehe Nr. 05

ÜBERNACHTEN

**Bezauberndes Ambiente**
In Salino kann man in einem der schönsten kaschubischen Herrenhäuser übernachten. Das aus dem 17. Jh. stammende Haus liegt an einem kleinen See und bezaubert mit seinem Fachwerkstil und dem strohgedeckten Dach.

Siehe Nr. 06

SHOPPING

**Traditionelles Kunsthandwerk**
In Chmelno, in der Umgebung von Karthaus gelegen, ist seit rund 100 Jahren die Töpferfamilie Necel ansässig, deren Arbeiten in einem kleinen privaten Museum nicht nur besichtigt, sondern dort auch gleich gekauft werden können.

Siehe Nr. 07

KULTUR

**Das alte Kaschubien**
Wer das ursprüngliche Kaschubien mit seinen strohgedeckten Fachwerkhäusern sucht, dem bleibt nur der Weg in eines der Freilichtmuseen. Das größte befindet sich im Ferienort Sanddorf, im Süden von Kaschubien.

**TOPZIEL** Siehe Nr. 08

GD-01-021
GD-01-021
PINGWIN

# Im Land der Deutschritter

Mit Feuer und Schwert eroberten die Deutschritter im 13. Jahrhundert das Gebiet östlich der Weichsel und verwalteten von der mächtigen Marienburg aus ihr riesiges Reich. In Pomerellen, dem westlichen Masuren und dem Ermland finden sich bis heute viele gut erhaltene gotische Burgen aus der Zeit der Ordensritter. Heute geht es hier friedlicher zu. Entspannt lässt sich die Region genießen – beispielsweise bei einer Fahrt auf dem Oberlandkanal.

*Per Schiff über Land fahren – auf dem Oberlandkanal ist dieses Erlebnis möglich*

01

02

Aus der Ferne wirkt der mächtige Backsteinbau der Marienburg wie eine unbezwingbare Bastion. Schon allein seine Größe sollte den Feinden Respekt einflößen, und wer sich davon nicht beeindrucken ließ, den hinderten Fallgatter, Pechnasen, Schießscharten und andere Schutzvorrichtungen am unbefugten Zutritt. Heute reicht eine gewöhnliche Eintrittskarte für einen Besuch in der Machtzentrale der Deutschen Ordensritter. Der seit 1997 von der UNESCO als Welterbe anerkannte Bau ist eine der größten Touristenattraktionen im Norden Polens. Fast drei Stunden dauert die Führung durch die 20 Hektar große, dreiteilige Anlage, gerade genug, um zumindest einen ungefähren Eindruck vom größten Backsteinschloss der Welt mit all seinen repräsentativen Räumen und verborgenen Winkeln zu bekommen.

**Die Hauptstadt des Ritterordens**

1226 hatte der polnische Herzog Konrad von Masovien die Ordensritter ins Land gerufen, ihm gegen die heidnischen Pruzzen zu helfen. Doch die Kreuzritter ließen sich nicht mit dem ihnen als Lohn zugedachten Kulmer Land abspeisen, sondern machten sich gleich den ganzen Nordosten des heutigen Polens und Teile des Baltikums untertan.

*Die Marienburg galt als uneinnehmbar und symbolisierte die auf Ewigkeit ausgelegte Herrschaft der Kreuzritter.*

1309 verlegten sie ihre Hauptstadt von Venedig in die Marienburg. Das dortige Hochschloss war die Machtzentrale des Reichs. Hier wurden die Hochmeister des Ordens bestimmt, hier trafen diese mit ihren zwölf engsten Beratern alle wichtigen Entscheidungen. Die Marienburg galt als

**01** *Die Ruinen von Schönberg haben schon als Filmkulisse gedient*
**02** *In der Stiftskirche von Guttstadt*
**03** *Blieb unbezwungen: Marienburg*
**04** *Blick vom Kopernikusturm auf die Kathedrale von Frauenburg*

01

02

03

*Die Ritter gehören zu einer der vielen Vereinigungen, die in Polen mittelalterliche Traditionen pflegen und sich über Zulauf von jungen Leuten nicht beklagen müssen.*

uneinnehmbar und symbolisierte die auf Ewigkeit ausgelegte Herrschaft der Kreuzritter. Doch wie so oft in der Geschichte kam es anders.

### Jedes Jahr gewinnt Polen erneut

Jedes Jahr um den 15. Juli treffen sich wilde Gestalten in Kettenhemden, mit zotteliger Mähnen und langen Bärten auf einer großen Wiese bei Grünfelde im Ermland. Am Rand des Geländes haben sie ihre Lager aufgeschlagen. Gelegentlich geraten einige von ihnen aneinander, dann krachen Schwerte und Äxte aufeinander, bis einer der Kontrahenten am Boden liegt. Natürlich wird keiner ernsthaft verletzt. Die Ritter gehören zu einer der vielen Vereinigungen, die in Polen mittelalterliche Traditionen pflegen und die sich über Zulauf von jungen Leuten nicht beklagen müssen. Während ihre Altersgenossen am Computer spielen, ziehen sie das echte Abenteuer vor. Rund Tausend von ihnen kommen jedes Jahr in Grünfelde zusammen, um dort die historische Schlacht von Tannenberg zwischen Kreuzrittern und dem vereinigten polnisch-litauischen Heer unter König Jagiełło nachzustellen. Zu Pferde und zu Fuß stürmen sie aufeinander los – und am Ende bejubeln Zehntausende Besucher einen der wenigen polnischen Siege in der Geschichte.

**01** *Hier wird letzte Hand angelegt*
**02** *Der Kampf von Ritter zu Ritter …*
**03** *… ist für Zuschauer besonders attraktiv*

**01** *Auf dem Gestüt bei Cadinen ritt schon Wilhelm II.*

**02** *Sündenfall in der Kirche des Hohensteiner Freilichtmuseums*

Die reale Schlacht fand im Jahr 1410 mit mehr als 50000 Kämpfern statt. Wenige Jahre später war der Ordensstaat der Kreuzritter zusammengebrochen. An dessen einstige Größe erinnern bis heute die gotischen Festungen entlang der Weichsel, in Pommerellen, dem Ermland und Masuren. Zu den interessantesten zählt die Burg in der nahen Kreisstadt Osterode, von den Kreuzrittern Mitte des 14. Jahrhunderts errichtet. Die im Jahr 1945 ausgebrannte Anlage wurde erst vor wenigen Jahren wieder aufgebaut und dient heute als kulturelles Zentrum mit Galerie und Stadtbibliothek. Vor passender Kulisse kann man im Sommer häufig Ritterturniere miterleben. Doch auch klassische und Rockkonzerte finden auf dem Schlosshof statt.

*Die meisten Seen in diesem Gebiet sind durch Flüsse und Kanäle miteinander verbunden und haben seit 150 Jahren auch direkten Zugang zur Ostsee.*

**Mit dem Schiff übers Land**

Osterode ist die größte Stadt der westmasurischen Seenplatte, die bis Deutsch-Eylau reicht und zum Teil als Naturpark ausgewiesen ist. Bisher wurde diese wald- und wasserreiche Region von deutschen Touristen noch wenig entdeckt. Hier könne man noch intensiv die Natur spüren, meint Uwe Döcke, der aus der Großstadt Berlin in das kleine Dorf Karnitten gezogen ist und dort das neugotische Schloss Karnity in ein stimmungsvolles Hotel verwandelt hat. Die meisten Seen in diesem Gebiet sind durch Flüsse und Kanäle miteinander verbunden und haben seit 150 Jahren auch direkten Zugang zur Ostsee. Damals entstand der berühmte Oberlandkanal, der von Osterode durch das ehemalige Oberland bis nach Elbing führt und bis heute als ein technisches Meisterwerk gilt. Etwa elf Stunden lang

**03** *Dietrichswalde: „Karczma Warmińska“ und Kirche*
**04** *Die Welt von früher in Hohenstein*

01

02

03

04

SPECIAL Kopernikus

# Vom Kopf auf die Füße

**Geboren wurde Nikolaus Kopernikus 1473 als Sohn eines wohlhabenden Bürgers in Thorn, dem heutigen Toruń.**

Nach dem frühen Tod des Vaters sorgte sein Onkel, der ermländische Fürstbischof Lukas von Watzenrode, für ihn. Kopernikus studierte in Krakau, Bologna und Padua unter anderem Jura, Medizin sowie Astronomie. Ab 1507 arbeitete er als Leibarzt seines Onkels im Schloss von Heilsberg. Dort formulierte er 1509 erstmals die Theorie, dass die Sonne im Mittelpunkt des Planetensystems stehe, machte seine Arbeit zunächst aber nur engsten Vertrauten zugänglich. Erst kurz vor seinem Tod wurde sein Hauptwerk veröffentlicht, mit dem er das mittelalterliche Weltbild vom Kopf auf die Füße stellte. Nach einem dreijährigen Aufenthalt in Heilsberg lebte er vor allem in dem später so benannten Kopernikusturm im Dom von Frauenburg. Als Verwalter des Domkapitels verteidigte er Allenstein bei den kriegerischen Auseinandersetzungen zwischen Ordensrittern und Polen. Kopernikus starb im Jahr 1543 in Frauenburg, doch trotz vielfacher Suche hat man sein Grab bis heute nicht identifizieren können.

brauchen die kleinen Ausflugsschiffe für die rund 80 Kilometer lange Strecke. Unterwegs wird die Schifffahrt an fünf Stellen zur Landpartie. Dann nimmt eine Plattform das ganze Schiff huckepack, und auf Schienen wird es über einen steilen Hang gezogen.

### Wo der Kaiser Ferien machte

Nordöstlich von Elbing steigen die wald- und wildreichen Elbinger Höhen rasch bis auf fast 200 Meter an. Eine malerische Küstenstraße bietet phantastische Ausblicke auf das Frische Haff und die Frische Nehrung. Dem Reiz der Landschaft ist auch der letzte deutsche Kaiser, Wilhelm II., erlegen. Er erwarb im Jahr 1898 das direkt am Haff gelegene Gut Cadinen, machte das Barockschloss zu seiner Sommerresidenz und gründete ein Gestüt.

### Dornröschen erwacht

Ein Brite hat das Anwesen vor wenigen Jahren aus dem Dornröschenschlaf geweckt. Dan Vowles betreibt in den kaiserlichen Wirtschaftsgebäuden einen komfortablen Country Club und plant, auch den ehemaligen Palast neu zu beleben. Das nördliche Polen mit dem Meer, den Bergen, Wäldern, Seen und den architektonischen Schätzen habe es ihm auf Anhieb angetan, schwärmt er. Nur mit der Sprache gab es anfangs Probleme. So habe er einmal im Hotel einen großen Briefumschlag gebraucht und statt der „koperta“ eine „kobieta“ verlangt, also eine große Frau. Da sei die Dame an der Rezeption erst mal sprachlos gewesen …

### Auf den Spuren von Kopernikus

In der benachbarten Kleinstadt Frauenburg wurde vor fast 500 Jahren am bestehenden Weltbild gerüttelt. Zwischen den Jahren 1510 und 1543 lebte dort Nikolaus Kopernikus als Verwalter des Domkapitels. Im Turm des Frauenburger Doms betrieb er seine bahnbrechenden astronomischen Studien. Der Dom war das geistige Zentrum der ermländischen Bischöfe. Die Ordensritter ließen sie weitgehend autonom regieren, und auch unter polnischer Regentschaft blieben sie die weltlichen Herrscher des Ermlands. Erst Friedrich der Große beendete im Jahr 1772 diese Sonderstellung.

Die ermländischen Bischöfe wollten Mitte des 14. Jahrhunderts auch an dem Flüsschen Alle eine sichere Heimstätte und bauten dort eine Burg, um die herum sich der Ort Allenstein entwickelte, die heutige Hauptstadt der Woiwodschaft von Ermland und Masuren. In der Allensteiner Burg war Kopernikus ebenfalls einige Jahre tätig, und neben seinen astronomi-

**01** *Elbings Dominikanerkirche ist Kunstgalerie*
**02** *Der Oberlandkanal führt auch über Land*
**03** *Abendliches Elbing um seine Nikolaikirche*
**04** *Hochbetrieb am Jeziorak-See bei Deutsch-Eylau*

**01** *Ermländische Landschaft bei Orneta*
**02** *Auch Polens Jugend liebt den Reitsport*

**03** *In Polen gehören katholische Priester zum alltäglichen Bild*

SPECIAL Störche

# Mehr Störche als Menschen

**Fast jeder dritte europäische Storch reist mit polnischem Pass, und jeder vierte polnische Storch wiederum bevorzugt Masuren und das Ermland.**

*Polen hat die meisten Störche in Europa*

Das sind etwa 15 000 Tiere. So ist es nicht verwunderlich, dass man ihnen dort praktisch auf Schritt und Tritt begegnet. In dem kleinen ermländischen Dorf Żywkowo, könnten die Störche im Sommer bequem den Bürgermeister wählen, denn dann sind sie den Bewohnern zahlenmäßig weit überlegen.
Aleksander Tymiec, umtriebiger Gastwirt, einziger Zimmervermieter, Museumschef und Ortschronist in einem, erinnert sich noch an die Zeit des Warschauer Paktes, als russische Kampfjets über das Gebiet donnerten. Damals habe es hier nur drei Storchenpaare gegeben. Inzwischen sind es mehr als 50, und mit ihnen kommen auch viele Besucher in das abgelegene Storchendorf an der russischen Grenze. Normalerweise treffen die Störche Anfang April ein und machen sich Mitte August wieder auf den dreimonatigen Rückflug nach Afrika. Doch die Tiere erweisen sich als politisch sensibel. Während des jüngsten Irakkrieges seien sie erst drei Wochen später eingetroffen, erzählt Aleksander Tymiec. Sie mussten ihre Flugroute kriegsbedingt ändern

schen Arbeiten musste er sich als Verwalter des Domkapitels mit so profanen Dingen wie dem richtigen Preis und Gewicht des Brotes befassen. Gleich zweimal kann man den Wissenschaftler in Allenstein treffen. Dem Zeitgeist entsprechend, steht er seit dem Jahr 1913 etwas abgehoben und mit ernster Miene auf einem hohen Sockel unterhalb der Burg. Freundlich sitzt er dagegen seit 2003 auf einer Bank und blickt auf sein Schloss. Viele Passanten posieren für ein Porträt auf seinem Schoß und fahren ihm über die lange Mähne.

### Lifting zum 650. Geburtstag

Allenstein nutzte den 650. Jahrestag der Stadtgründung 2003 für ein gründliches Lifting. Das mittelalterliche Hohe Tor strahlt seitdem wieder in leuchtendem Rot, das Alte Rathaus am Markt und andere historische Bauten wurden saniert und der ehemalige Fischmarkt unterhalb des Hohen Tors wieder bebaut. Wer lange nicht mehr dort war, reibt sich verwundert die Augen, wie sich die einst etwas verschlafen wirkende Stadt herausgeputzt hat. Im Sommer finden praktisch jeden Tag Veranstaltungen auf dem Marktplatz oder im Amphitheater vor dem Schloss statt. Für Touristen ist das von mehreren Seen umgebene Allenstein nicht bloß Zwischenstopp, sondern ein Ort, wo man sich auch gerne länger aufhält.

**04** *Kommunion in Żywkowo*

**05** *Katholisches Polen: 1978 bis 2005 war Karol Wojtyła als erster Pole der oberste Hirte von mehr als einer Milliarde Katholiken weltweit*

01
02
03
04
05
06
KALININGRAD
КАЛИНИНГРАД
Baltijsk
Svetlyj
Gvardejsk
Bagrationovsk
Zatoka Gdańska
Mierzeja Wiślana
Baltijskaja kosa
Kaliningradskij zaliv
Zalew Wiślany
GDAŃSK
Hel
ELBLĄG
Frombork
Braniewo
Tolkmicko
Krynica Morska
Pasłęk
Orneta
Pieniężno
Lidzbark Warmiński
Bartoszyce
Dobre Miasto
Morąg
Malbork
Tczew
Zamek krzyżacki
Kwidzyn
Prabuty
Susz
Iława
Ostróda
Miłomłyn
OLSZTYN
Biskupiec
Barczewo
Pasym
Szczytno
Olsztynek
Grunwald
Pole bitwy 1410
Stębark
Lubawa
Nw. Miasto Lubawskie
Nidzica
Działdowo
Lidzbark
Mława
GRUDZIĄDZ
Wąbrzeźno
Brodnica
Golub-Dobrzyń
Rypin
Ciechocinek
Lipno
Sierpc
Żuromin
Przasnysz
Ciechanów
Jez. Drużno
Jeziorak
Jez. Drwęckie
Jez. Narie
Jez. Ruda Woda
Jez. Dadaj
Jez. Wadąg
Jez. Łańskie
Jez. Omulew
Jez. Sasek Wlk.
Jez. Dzierzgoń
Jez. Szeląg Wielki
Wielkie Jez.
Nizina Sępopolska
Żuławy Wiślane
Pojezierze Iławskie
Pojezierze Olsztyńskie
Pojezierze Dobrzyńskie
Pojezierze Chełmińskie
Równina Mazurska
E77
E28
E75
A191
A190
A193
A229
A194
A196
A195
S22
S10

# Ritterspiele und UNESCO-Welterbe

Die Zeit der Ordensritter ist lange vorbei, doch in Pomerellen, dem westlichen Masuren, und im Ermland erinnern bis heute viele Burgen an die alte Zeit – allen voran der mächtige Backsteinbau der Marienburg, den die UNESCO auf ihrer Liste des schützenswerten Erbes der Welt führt. Außerdem kann man hier auch das Foucault'sche Pendel bewundern, über Kopernikus staunen oder, ganz profan, Golf spielen: Was einst verpönt war, ist heute chic. Die Zeiten ändern sich!

## 01 FROMBORK/ FRAUENBURG

**Die Kleinstadt (3000 Einw.) verdankt ihre Bekanntheit dem Astronomen Nikolaus Kopernikus (1473–1543), der hier einen großen Teil seines Lebens verbrachte.** Seit 1288 war Frauenburg Sitz des Ermländischen Domkapitels.

**SEHENSWERT** Die auf einem Hügel gelegene **Domanlage** (Wzgórze Katedralne) entstand im 14. Jh. und ist von einer großen Wehrmauer umgeben. Der dreischiffige Dom (1329 bis 1388) gilt als größtes gotisches Gotteshaus in Ermland und Masuren. Die barocke Orgel mit beweglichen Figuren ist für ihren hervorragenden Klang bekannt. Im Sommer werden Orgelwochen veranstaltet.

**MUSEUM** Im **Bischofspalast** (Dawny Pałac Biskupi) erinnert eine Ausstellung an den Aufenthalt von **Kopernikus** und seine hier entstandenen Arbeiten. Im **Radziejowski-Turm**, einem ehem. Glockenturm, hängt eine Nachbildung des „Foucault'schen Pendels" mit dem der gleichnamige französische Physiker 1851 die Rotation der Erdkugel nachwies. Im Erdgeschoss befindet sich ein **Planetarium** (tgl. 9.00–16.00 Uhr, www.frombork.art.pl).

**INFORMATION**
*Informacja Turystyczna (nur im Sommer geöffnet), ul. Portowa 4, 14530 Frombork, Tel. 055/2437052, www.frombork.pl*

## 02 LIDZBARK WARMIŃSKI HEILSBERG

**Die mächtige Bischofsburg von Heilsberg (16 000 Einw.) war bis 1772 das Regierungszentrum der ermländischen Bischöfe.** Zuletzt residierte dort Ignacy Krasicki (1735–1801), der als Dichter in Polen bis heute sehr geschätzt ist.

**SEHENSWERT** Die 1348 bis 1400 auf quadratischem Grundriss entstandene **Burg** zählt zu den am besten erhaltenen Bauwerken aus der Zeit des Deutschen Ordens und wird als Museum ge-

*Frauenburg: barocker Schmuck in der Domkirche*

nutzt. Kopernikus hatte hier von 1503 bis 1510 seine erste Zeit im Dienst der ermländischen Bischöfe verbracht. Den Innenhof säumen zweigeschossige Kreuzgänge. Schönster Raum ist der Große Remter, dessen Wände mit figürlichen Darstellungen geschmückt sind. Im Obergeschoss werden zeitgenössische polnische Gemälde ausgestellt. Außerdem gibt es dort eine Sammlung von Ikonen aus dem 17. bis 20. Jh. (Muzeum Warmińskie; Di.–So. 9.00–16.30 Uhr). Nach einem Entwurf von Karl Friedrich Schinkel entstand 1823 die erste **evangelische Kirche** im Ermland; sie wird heute von der orthodoxen Gemeinde genutzt. Von der mittelalterlichen Stadtbefestigung blieben nur Teile der Mauer und das Hohe Tor erhalten.

**UMGEBUNG** Rund 100 m vor der russischen Grenze liegt das für seine Störche bekannte Dorf **Żywkowo** **TOPZIEL** (über Bartoszye nach Norden, beim Grenzübergang Bezledy). Die mächtige gotische Pfarrkirche von **Guttstadt** (Dobre Miasto; 21 km südw.) wurde 1396 geweiht; ihr Hochaltar (1748) ist dem Hauptaltar des Krakauer Doms nachempfunden.

## 03 OLSZTYN/ ALLENSTEIN

**Innerhalb des Stadtgebiets bieten elf Seen Erholung. Davon profitieren auch die 20 000 Allensteiner Studenten, deren Campus sich hinter einem hübschen Badesee befindet.**

Den 650. Geburtstag 2003 nutzte die rund 170 000 Einw. zählende Hauptstadt von Ermland und Masuren (Woiwodschaft) für eine gründliche Erneuerung des Zentrums.

**SEHENSWERT** Das auf einem quadratischen Grundriss erbaute **Hohe Tor** (Wysoka Brama, 14. Jh.) war zeitweilig Waffenkammer und Gefängnis, heute gibt es darin einige einfache Gästezimmer.

> **Tipp**
>
> ### Golf in Polen
>
> Im sozialistischen Polen war Golf als kapitalistischer Sport verpönt. Doch seit 1989 gewinnt der weiße Sport auch dort mehr und mehr Anhänger. Insgesamt gibt es bereits rund 20 Golfplätze. Zu den bekanntesten gehört der Golfplatz in Naterki (10 km südw. von Allenstein (Olsztyn). Der landschaftlich sehr schön an einem See gelegene Platz verfügt über 18 Löcher. Die Golfakademie mit großer überdachter Drivingrange und modernem Schulungsgebäude gilt als eine der besten in Polen. Für die Ausbildung verantwortlich ist der Südafrikaner Martin Proctor, Teilnehmer zahlreicher Profiturniere.
>
> *Tel. 089/5131801, www.mazurygolf.pl*

Der **Fischmarkt** (Targ Rybny) wurde zum Stadtjubiläum neu bebaut und ist seitdem wieder ein beliebter Treffpunkt. Schon 1990 war dort das Gebäude der „Allensteiner Zeitung" („Gazeta Olsztyńska") mit einem kleinen Museum wieder entstanden; bis 1939 war sie die bedeutendste polnischsprachige Zeitung der Region.
Der mittelalterliche **Marktplatz** (Rynek Starego Miasta) verwandelt sich im Sommer in die größte Freiluftgaststätte der Stadt. Das 1642 gebaute **Rathaus** wird heute mit seinem modernen Anbau als Bibliothek und Galerie genutzt. Rund um den Markt wurden die Bürgerhäuser mit ihren Laubengängen im alten Stil wieder aufgebaut. In der banachbarten ul. Św. Barbary erinnert eine Tafel an den hier geborenen und durch den Potsdamer Einsteinturm und diverse Kaufhausbauten bekannten Architekten Erich Mendelsohn (1887–1953); sein Erstlingswerk, eine Friedhofskapelle an der ul. Zyndrama z Maskowicz, soll zu einem Kulturzentrum werden. Die mächtige **Jakobskirche** (Kościół Św. Jakuba) stammt aus der zweiten Hälfte des 14. Jh., wurde aber später mehrfach umgestaltet. Außerhalb des Stadtzentrums entstand zum 500. Geburtstag von Kopernikus ein **Planetarium** (Al. Marszałka Piłsudskiego 38, Tel. 089/5334951, www.planetarium.olsztyn. pl). Un-

*Ein typisch masurisches Bauernhaus im Hohensteiner Freilichtmuseum*

weit davon befindet sich in einem umgebauten Wasserturm die Allensteiner **Sternwarte** (ul. Żołnierska 13, Tel. 089/5276703).

**MUSEUM** Nahe des Stadtzentrums erhebt sich auf einer einstigen Flussinsel das **Schloss** des Ermländischen Domkapitels. Der älteste der drei Flügel entstand 1346 bis 1353. Heute zeigt es als **Museum von Ermland und Masuren** eine reiche archäologische und ethnografische Sammlung sowie zeitgenössische künstlerische Arbeiten (Muzeum Warmii i Mazur). Eine Dauerausstellung in der **Kopernikus-Kemenate** erinnert an den Aufenthalt des Astronomen im Schloss. Die ältesten Kunstwerke stehen eher unauffällig im Burghof: Drei roh bearbeitete Steinskulpturen der Pruzzen, dem von den Ordensrittern fast ausgerotteten, einst hier ansässigen Volksstamm, darunter das berühmte „Pruzzische Weib“ (www.muzeum.olsztyn.pl; Juni–Sept. Di. bis So. 9.00–17.00, sonst bis 16.00 Uhr).

**VERANSTALTUNG** **Kultursommer** in Olsztyn von Juni bis Aug.

**UNTERKUNFT** Das **Hotel Park** ist ein am Rand der Stadt gelegenes Mittelklassehotel (ul. Warszawska 119, 10701 Olsztyn, Tel. 089/5240604, Fax 089/5240077, www.beph.pl).

**UMGEBUNG** Die neugotische Kirche von **Dietrichswalde** (Gietrzwałd; 16 km westl.) ist das wichtigste Wallfahrtsziel der Region. Rund eine Million Menschen pilgern jedes Jahr zu dem aus dem 16. Jh. stammenden Bild der Maria mit dem Jesuskind und trinken aus der heiligen Quelle. In **Hohenstein** (Olsztynek; 26 km südl.) entstand auf fast 40 ha eines der größten polnischen Freilichtmuseen; seit 1909 wurden dort rund 40 alte Bauernhäuser, Wirtschaftsgebäude und Windmühlen wieder aufgebaut, die einen Eindruck vom früheren Dorfleben vermitteln (Muzeum Budownictwa Ludowego; Juni–Aug. Di.–Fr. 9.00–17.30, Sa., So. bis 18.00 Uhr, sonst kürzer).

**INFORMATION**
*Informacja Turystyczna, ul. Staromiejska 1, 10450 Olsztyn, Tel./Fax 089/5353565, www.warmia-mazury-rot.pl*

## 04 OSTRÓDA/OSTERODE

**Heute größte Stadt in Westmasuren (35000 Einw.), entstand Osterode ab 1329.** Mit 15 Seen im Stadtgebiet und der näheren Umgebung ist sie ein touristisches Zentrum. Hier endet der Oberlandkanal (Kanał Ostródzko-Elbląskiego).

**SEHENSWERT** Die gotische **Ordensburg** entstand ab 1349 auf fast quadratischem Grundriss; nach dem Einmarsch der Roten Armee ging sie in Flammen auf und wurde bis in die 1990er-Jahre wieder aufgebaut. Heute dient sie als Heimatmuseum (Muzeum w Ostródzie; Mo.–Fr. 8.00 bis 18.00, Sa. und So. 10.00–14.00 Uhr). Eine Gedenktafel im Innenhof erinnert an einen Aufenthalt von Napoleon Bonaparte 1807. Teile der Altstadt, die L-förmige Mole und die Promenade am Drewenzsee (Jezioro Drwęckiego) wurden in den letzten Jahren erneuert.

**VERANSTALTUNGEN** Bei den **Summer Hot Days** an zwei Wochenenden im Aug. in Osterode treten bekannte polnische Rockbands und -musiker auf. **Jazzfestival „Goldenes Waschbrett“** im Louis-Armstrong-Amphitheater von Deutsch-Eylau im August.

**UNTERKUNFT** Das **Schlosshotel Karnity** ist ein preiswertes, gepflegtes Haus nördl. Osterode (Karnity, 14140 Miłomlyn, Tel. 089/6473465, Fax 089/6473464, www.karnity.pl).

**UMGEBUNG** **Deutsch-Eylau** (Iława; 31 km westl.) ist mit rund 23000 Einw. die zweite größere Stadt im westmasurischen Seengebiet; sie liegt idyllisch an der Südspitze des Geserichsees (Jezioro Jeziorak), der sich über eine Länge von 27 km erstreckt. Nördl. Deutsch-Eylau bauten die Kreuzritter in Schönberg (Szymbark) ihre zweitgrößte Burg; sie wurde nach Zerstörungen 1945 nur in Teilen wieder aufgebaut. In **Mohrungen** (Morąg; 30 km nördl.) wurde der bekannte Philosoph Johann Gottfried Herder (1744–1803) geboren; an ihn erinnert eine Ausstellung im restaurierten Dohna-Schloss (16. Jh.). Letzter deutscher Besitzer war Graf Heinrich zu Dohna-Schlobitten, der 1944 wegen seiner Beteiligung am Attentat auf Hitler hingerichtet wurde (Muzeum Herdera; Di. bis So. 9.00–17.00 Uhr). In **Grünfelde** (Grunwald; rund 30 km südl.) fand 1410 die historische Schlacht von Tannenberg zwischen den Deutschrittern und dem vereinigten polnisch-litauischen Heer statt; mit der Niederlage des Deutschen Ordens war das Ende der Ordensherrschaft besiegelt. Jedes Jahr um den 15. Juli wird diese Schlacht von rund tausend „Mitspielern“ nachgestellt.

**INFORMATION**
*Informacja Turystyczna,*
*Pl. Tysiąlecia P. Polskiego 1a, 14100 Ostróda,*
*Tel. 089/6423000, www.it.ostroda.pl*

## 05 MALBORK MARIENBURG

**Die ab dem späten 13. Jh. erbaute Marienburg TOPZIEL, 1309 bis 1457 als Sitz des Hochmeisters Machtzentrale der Deutschen**

**Tipp**

### Auf gut ermländische Art

Immer mehr besinnt man sich in den Restaurants regionaler Traditionen. Beispiel dafür ist die „Karczma Warmińska“ in Dietrichswalde (20 km westl. Olsztyn), direkt unterhalb des dortigen Sanktuariums. Ein offenes Feuer im Innenhof des Wirtshauses verbreitet eine heimelige Atmosphäre. Kunstschmiede, Holzschnitzer, Glasmalerinnen und Stickerinnen zeigen ihre handwerklichen Fähigkeiten. Die umfangreiche Speisekarte enthält regionale Spezialitäten wie ermländische Klöße oder Zander auf ermländische Art. Viermal die Woche finden je nach Witterung auf dem Hof oder in den gemütlichen Gasträumen Musik- und Tanzveranstaltungen statt.

*Karczma Warminska, 11036 Gietrzwałd,*
*Tel. 089/5123457, Fax 089/5123980,*
*www. karczma.pl*

**Ordensritter, gilt als das größte gotische Schloss der Welt.** Die Befestigungsanlage am rechten Ufer des Nogat-Flusses nimmt eine Fläche von 20 ha ein und ist seit 1997 Welterbe der UNESCO.

**SEHENSWERT** In der **Vorburg** befindet sich das Schlosshotel. Über eine Zugbrücke gelangt man ins Mittelschloss, das einst vor allem repräsentativ sein sollte. Dort werden prachtvolle Kunstwerke und Schmuckstücke aus Bernstein von der Frühzeit bis zur Gegenwart gezeigt. Die beeindruckendsten Räume liegen im westlichen Flügel. Im **Großen Remter** speisten früher die Ordensritter gemeinsam mit ihren Gästen; drei schlanke Säulen tragen das sternförmige Gewölbe dieses riesigen Saals. Der an den Westflügel angefügte **Hochmeisterpalast** gilt als Meisterwerk gotischer Baukunst. Besonders eindrucksvoll sind der Sommer- und Winterremter, deren Fächergewölbe von je einer schlanken Säule gehalten werden. Das auf quadratischem Grundriss erbaute **Hochschloss** ist von malerischen Kreuzgängen umgeben. Hier war die eigentliche Machtzentrale des Ordensstaates. Im spartanisch eingerichteten **Kapitelsaal** wurden die wichtigsten Entscheidungen getroffen und auch die Hochmeister auf Lebenszeit gewählt (www.zamek.malbork.pl; Museum im Sommer Di.–So. 9.00–19.00, sonst von 10.00 bis 17.00 Uhr).

**VERANSTALTUNG** Bei den **Tagen der Belagerung der Marienburg** werden im Juli die historischen Ereignisse von 1410 nachgestellt.

**INFORMATION**
*Informacja Turystyczna (nur Mai–Sept.), ul. Piastowska 1, 82200 Malbork, Tel. 055/2734990 www.malbork.pl*

## 06 ELBLĄG/ELBING

**Die 1945 zerstörte Altstadt war jahrzehntelang eine der größten archäologischen Grabungsstätten Polens.** Hunderttausende Gebrauchs- und Schmuckgegenstände wurden geborgen, bevor auf den Grundmauern der alten Bürgerhäuser neue Gebäude entstanden, die eine gelungene Symbiose von Vergangenheit und Gegenwart darstellen.

**SEHENSWERT** Mit ihrem 95 m hohen Turm ist die gotische **Kathedrale St. Nikolai** (Katedra Św. Mikołaja, Urspr. um 1260) das alles überragende Gebäude der Altstadt; sie überstand die Kriegstage fast unversehrt. Einige Jahre älter ist die ehem. **Dominikanerkirche**, in der heute die renommierte Galerie „EL" moderne Kunstwerke zeigt. Rund um die Kathedrale wurden die zerstörten Häuser auf den alten Grundrissen und zum Teil im alten Stil wieder aufgebaut. Der schlanke **Turm des Markttors**, ehem. Teil der mittelalterlichen Stadtbefestigung, stammt von 1319. In dem gotischen **Heilig-Geist-Hospital** ist heute die Stadtbibliothek untergebracht. In den Resten der bereits 1454 bei einem Aufstand gegen den Orden geschleiften **Burg** zeigt das Elbinger Museum Fundstücke von den Grabungen in der Altstadt und aus dem nahen Truso, einer der ältesten Handelssiedlungen im Ostseeraum (Muzeum Elbląskie; So. 10.00–18.00, Di., Mi., Fr. und Sa. 8.00–17.00 Uhr).

### Tipp

### Schifffahrt auf Schienen

Rund 11 Std. dauert die 80 km lange Fahrt über den Oberlandkanal zwischen Elbing (Elbląg) und Osterode (Ostróda). Sie ist am interessantesten dort, wo die Schiffstour zur Landpartie wird. An fünf Abschnitten werden die Schiffe huckepack auf Schienen über eine geneigte Ebene gezogen. So können sie einen Höhenunterschied von fast 100 m überwinden. Für den Antrieb des Systems sorgen riesige Wasserräder, die vom Wasser des Kanals bewegt werden. Von Mai bis Sept. verkehren die kleinen Ausflugsschiffe der Weißen Flotte tgl. zwischen den beiden Städten. Am besten besichtigen kann man die Schiffsaufzüge bei Buchwald (Bukowiec; westl. Pasłęk), wo es auch ein kleines Museum zur Geschichte des Kanals gibt.

*Reederei Żegluga Ostródzko-Elbląska, 14100 Ostróda, ul. Mickiewicza 9a, Tel./Fax 089/6463871, www.zegluga.com.pl*

**UMGEBUNG** Die **Elbinger Höhen** im Nordosten der Stadt sind ein Landschaftsschutzgebiet mit beeindruckenden Schluchten und einem sehr alten Baumbestand. Touristischer Hauptort ist **Cadinen** (Kadyny) kurz vor Tolkemit (Tolkmicko). Kaiser Wilhelm II. hatte dort seine Sommerresidenz; Ziegelbauten mit grünem Fachwerk sind bis heute charakteristisch für die Wohn- und Wirtschaftsgebäude. Auf dem kaiserlichen Anwesen befindet sich der Kadyny Country Club, ein exklusives Hotel (82340 Tolkmicko, Tel. 055/2316120, Fax 055/2316200, www.kadyny. com.pl); daneben liegt ein großes Gestüt.

**INFORMATION**
*Informacja Turystyczna, ul. Czerwonego Krzyży 2, 82300 Elbląg, Tel./Fax 055/2324234, www.elblag.pl*

## Nicht versäumen!

KULTUR

**Das Foucault'sche Pendel**
Im Radziejowski-Turm, einem ehemaligen Glockenturm in Frauenburg, hängt eine Nachbildung des „Foucault'schen Pendels", mit dem der gleichnamige französische Physiker 1851 die Rotation der Erdkugel nachwies.

Siehe Nr. 01

NATUR

**Wo die Störche wohnen**
Schon an der russischen Grenze liegt das für seine Störche bekannte Dorf Żywkowo. Den großen Vögeln begegnet man in dieser Region auf Schritt und Tritt – in Żywkowo gibt es davon deutlich mehr als Einwohner.

TOPZIEL Siehe Nr. 02

ERLEBEN

**Die entscheidende Schlacht**
Ritterspiele in Grünfelde: 1410 fand dort die historische Schlacht zwischen den Deutschrittern und dem vereinigten polnisch-litauischen Heer statt. Jedes Jahr um den 15. Juli wird sie von rund tausend „Mitspielern" nachgestellt.

Siehe Nr. 04

KULTUR

**UNESCO-Welterbe Marienburg**
Die ab dem späten 13. Jh. erbaute Anlage, in den Jahren 1309 bis 1457 als Sitz des Hochmeisters Machtzentrale der Deutschen Ordensritter, gilt als das größte gotische Schloss der Welt und zählt zum Welterbe der UNESCO.

TOPZIEL Siehe Nr. 05

NATUR

**Wandern mit Kaiser Wilhelm II.**
Die Elbinger Höhen im Nordosten der gleichnamigen Stadt sind ein Landschaftsschutzgebiet mit beeindruckenden Schluchten und einem sehr alten Baumbestand. In Cadinen (Kadyny) hatte Kaiser Wilhelm II. seine Sommerresidenz.

Siehe Nr. 06

# Grüne Lunge mit 1000 Seen

Masuren hat viele wohlklingende Namen: Man nennt es das „Land der 1000 Seen“ oder die „Grüne Lunge Europas“. Und die Region ist wie kaum eine andere mit nostalgischen Gefühlen belegt. Zwar wandelt sich Masuren, aber die Entwicklung geht eher langsam voran. So bleibt die Idylle wohl noch eine Weile erhalten.
Kulturelle Vielfalt und der natürliche Reichtum machen Polens fernen Osten hochinteressant: In Białystok, der Hauptstadt von Podlasie, liegen die Wurzeln der Weltsprache Esperanto.

*Zu Ferien auf einem Bauernhof gehören in Masuren auch Angeln und Boot fahren*

01

02

03

*Am schönsten ist die Fahrt in den Abendstunden, wenn die letzten Strahlen der untergehenden Sonne die hügelige Landschaft mit einem seidenen Glanz überziehen.*

Schmale, oft holprige Alleen führen mitten hinein in ein schier grenzenloses Naturparadies. Wie durch einen grünen Zeittunnel gelangt man in eine andere Gegenwart. Masuren – das ist eine Welt, in der die Wiesen noch mit Millionen bunter Blumen gesprenkelt sind, wo sich das leuchtende Rot des Mohns mit dem klaren Blau der Kornblumen und dem strahlenden Gelb des Rapses zu einem einzigartigen Farbenspiel vermischt. Unvermittelt nimmt man den Fuß vom Gas, öffnet sich für die Vielfalt der Farben, der Geräusche und der schon fast vergessen geglaubten Düfte. Am schönsten ist die Fahrt in den Abendstunden, wenn die letzten Strahlen der untergehenden Sonne die hügelige Landschaft mit einem seidenen Glanz überziehen, die Schatten der Alleebäume länger werden, bis ihre Konturen sich langsam auflösen.

### Ursprünglichkeit als Normalfall

Wo genau Masuren beginnt, lässt sich nur schwer sagen. Aber wenn die Wiesen hügeliger werden, ein See nach dem anderen auftaucht, jedes dritte Bauernhaus ein Storchennest trägt und vor vielen Eingängen Schilder mit der deutschen Aufschrift „Zimmer zu vermieten" hängen, dann ist man bereits mittendrin in einem der letzten Naturräume Europas.

Die Bezeichnung „Land der 1000 Seen" ist noch untertrieben. Je nach Zählart kommt man auf 3000 bis 4000 Seen, von denen viele durch Flüsse und Kanäle miteinander verbunden sind und so ein einzigartiges Netz von Wasserstraßen bilden. Drumherum bieten die tiefen Wälder der Johannisburger, Borkener oder Rominter Heide vielen anderswo selten gewordenen Tierarten einen Lebensraum. Der Schutz der Umwelt genießt oberste Priorität.

### Wo früher noch heute ist

Einsame Gehöfte und kleine Straßendörfer sind charakteristisch für diese Region. Auch wenn die Gegend hier zu den ärmeren in Polen gehört, so sind die meisten der alten Bauernhäuser doch auffallend gepflegt und reich mit Blumen geschmückt. Gänse oder Hühner spazieren selbstbewusst über die schmale Straße, Hunde und Katzen dösen in der Sonne, ein altes Mütterchen mit Kopftuch sitzt auf der Treppe ihres Hauses, ein paar Männer stehen plaudernd vor dem „Sklep".
Nicht jedes Dorf hat eine Dorfschenke, aber der „Sklep", der polnische Tante-Emma-Laden, darf nirgends fehlen. Hier versorgt man sich mit dem Nötigsten, hier werden die neuesten Nachrichten ausgetauscht, und hier trifft man sich auf ein Bier. Eine aussterbende Spezies sind dage-

**01** *Masurische Weite bei Dönhoffstädt*
**02** *Ein Bild von einem barocken Heiligtum: Wallfahrtsstätte Heiligelinde mit seiner …*
**03** *…imposanten Orgel*

**04** *Die Kommunion ist ein großer Tag in einem polnischen Leben*
**05** *Aus dem Mittelalter stammen Rößels Kirche und Bischofsburg*

*Der Siegeszug des Traktors ist auch in Masuren unübersehbar …*

04

gen die Bauern, die im Pferdewagen ihr Heu oder das Holz für den Winter transportieren. Der Siegeszug des Traktors ist auch in Masuren unübersehbar – die Pferde ziehen mittlerweile Kutschen oder Schlitten mit Touristen.

### Terror und Widerstand

Friedlich und still wirkt die masurische Landschaft, doch auch dieser abgelegene Winkel Europas blieb nicht von den Schrecken der Geschichte verschont. Keine Ortschronik, die nicht darüber berichtet, wie Pestepidemien und Missernten die Bevölkerung dezimierten, Feuersbrünste die Gebäude zerstörten. Um die abgelegenen Dörfer und Kleinstädte wurde im Ersten Weltkrieg erbittert zwischen Deutschen und Russen gekämpft, und kaum waren die Wunden versorgt, da brachte der

*Masuren ist eine Welt, in der die Wiesen noch mit Millionen bunter Blumen gesprenkelt sind …*

Zweite Weltkrieg noch schrecklichere Zerstörungen. In manchen Orten blieben die Folgen bis heute erkennbar.
Inmitten der so friedlich wirkenden Wälder um Görlitz befand sich ein Zentrum des nationalsozialistischen Terrors, das gleichzeitig zum Symbol der besseren Seite Deutschlands wurde. Hier, in der „Wolfsschanze", scheiterte am 20. Juli 1944 das Attentat auf Adolf Hitler. Und die gesprengten, meterdicken Bunkermauern sind heute eine der größten Touristenattraktionen in weitem Umkreis.

### Himmlischer Jahrmarkt

Nur wenige Kilometer entfernt von der „Wolfsschanze" findet sich ein Ziel, das gegensätzlicher kaum sein könnte. Die Kirche Heiligelinde ist einer der schönsten barocken Bauten im nördlichen Polen und ein wichtiger Wallfahrtsort des Landes. Durch das meisterhaft geschmiedete grüne Tor

**01** *Störche sind in Polen allgegenwärtig, wenn es etwas aufzuschnappen gibt*
**02** *Bei so vielen Seen ist durchaus Fischreichtum zu erwarten*
**03** *Blumenwiesen sind hier eine alltägliche Kostbarkeit*
**04** *Auf dem richtigen Weg?*

01

02

SPECIAL Es war einmal: Der Fischer und seine Frau

# Der gefesselte König von Nikolaiken

**Vor langer, langer Zeit lebte im See von Nikolaiken ein riesiger Fisch, der eine Krone auf dem Kopf trug. Man kannte ihn als Maränenkönig und auch als Stinthengst.**

Um sein Territorium zu schützen, kippte der Maränenkönig Fischerboote um, riss Netze entzwei und befreite die gefangenen Fische. Weil die Fischer arge Not litten, bat die Fischersfrau Anna den Gott Pusaitkis um Hilfe. Neben ihrer Opfergabe fand sie einen Ring, und ihr Mann deutete das Zeichen. Er schmiedete aus vielen Metallringen ein stabiles Netz und fuhr damit auf den See. Schon nach kurzer Zeit hatte er den Maränenkönig gefangen. Die Einwohner beschlossen, ihn zu töten. Doch weil der Maränenkönig damit drohte, dass dann alle Fische im See sterben würden, ließ man ihn am Leben. Bis heute schwimmt er, angebunden mit einer schweren Kette unter der Brücke von Nikolaiken und kann kein Unheil mehr anrichten. Auf dem Marktplatz, wo die Einwohner das Urteil fällten, steht heute ein lustiger Springbrunnen mit der Figur des Maränenkönigs.

*Ungefährlich: der gefesselte Maränenkönig von Nikolaiken*

drängen Touristen und Gläubige in die üppig ausgeschmückte Kirche. Nahtlos gehen die beiden Jesuitenpater von der Messe zur Touristenführung über, erklären auf Polnisch und Deutsch die Geschichte des Klosters und lassen immer wieder einfließen, wie teuer doch die Pflege des Bauwerks sei. Dann kommt für viele einer der Höhepunkte ihrer Reise: Der Klang von fast 4000 Orgelpfeifen erfüllt den Raum. Die Spielfreude von Bruder Waldemar überträgt sich auf die Besucher, alle Köpfe drehen sich in Richtung des Instruments. Dort verbeugt sich der Erzengel Gabriel vor Maria, und sie antwortet ihm, die Engel spielen dazu freudig ihre Instrumente, alle Orgelfiguren sind in Bewegung. Der Spruch „Im Himmel ist Jahrmarkt", hier muss er seinen Ursprung haben.

### Größer, schöner, besser...

Östlich von Rastenburg beginnt das Gebiet der Großen Masurischen Seen. Schon Mitte des 19. Jahrhunderts hatten es erste Reisende entdeckt. 1856 nahm das Dampfschiff „Masovia" zwischen Johannisburg und Angerburg seinen Betrieb auf, 1888 eröffnete im ehemaligen Fischerdorf Nikolaiken das erste Hotel, in den 1920er-Jahren entstanden in Lötzen vornehme Cafés und Restaurants. An diese stürmische Entwicklung möchte man jetzt anknüpfen.

**01** *Mit der „Chopin" auf dem Spirdingsee segeln: Nikolaiken*
**02** *Die Masuren sind ideal für Wasserwanderer*

01

02

03

04

*Der Spruch „Im Himmel ist Jahrmarkt", hier muss er seinen Ursprung haben.*

Mitte der 1990er-Jahre machte das „Hotel Gołębiewski" den Anfang, ein Moloch mit 600 Zimmern, aber auch bis dahin ungewohntem Komfort. Und zur Jahrtausendwende spendierte sich Nikolaiken ein neues Zentrum mit modernem Seglerhafen. Denn Segeln steht neben den klassischen Vergnügen wie Radfahren, Wandern oder Rudern besonders hoch im Kurs.

### Podlasie: Esperanto und Weltnaturerbe

Wer die lebendigen Touristenzentren Lötzen und Nikolaiken Richtung Osten verlässt, befindet sich schon bald in einer ganz anderen Welt. Die nordöstlichste Woiwodschaft Podlasie ist eine noch unbekannte, aber landschaftlich und kulturell sehr vielfältige Region.

### Der polnische Orient

Schmale Straßen und Schotterpisten führen in den polnischen Orient. In den abgeschiedenen Dörfern kurz vor der weißrussischen Grenze leben noch einige Hundert Tataren. Ihren Vorfahren hatte Polens König Jan Sobieski für ihre Hilfe bei der Schlacht gegen die Türken 1679 das Land geschenkt. Im Lauf der Zeit haben sie sich polonisiert – aber ohne ihren Glauben abzulegen. Sie heißen Mohammed Kaczmarek oder Ali Sokorowski, trinken gerne einen Wodka und besuchen das Freitagsgebet.

**01** *Historienspiel im „Masurischen Garten Eden"*
**02** *Nicht überall ist die Landwirtschaft voll durchtechnisiert*
**03** *Auf dem „Masurenhof" von Jochen Elsner*
**04** *Zur Erntezeit sind die Tische reich gedeckt*
**05** *Was bringt der Storch? – Auf dem „Masurenhof" von Jochen Elsner können Stadtkinder so manches erleben*

01

02

03

04

*Friedlich und still wirkt die masurische Landschaft. Doch auch dieser abgelegene Winkel Europas blieb nicht von den Schrecken der Geschichte verschont.*

**01** *Im Winter sind Pferd und Schlitten immer noch gefragt*
**02** *Keine Angst vor schrägen Erlebnissen: Lötzen und Nikolaiken sind Hochburgen der Eissegler*
**03** *Eisiges Vergnügen: Vom Eisangeln lässt man sich durch kein Wetter abhalten*
**04** *Schlittenspaß mit zwei Pferdestärken*
**05** *Weite Winterlandschaft bei Nikolaiken*

01

02

03

Ihre Kinder lernen heute wieder die arabische Sprache, einige waren sogar schon in Mekka. Die kleine hölzerne Moschee im Zentrum von Bohoniki ist verschlossen, doch Eugenia Radkiewicz hat die Fremden bereits erspäht und winkt mit dem Schlüssel. Freudig öffnet sie die Tür zum Gotteshaus, wirft ihr türkisfarbenes Gewand und einen weißen Schleier über und beginnt mit der Führung. Wortreich erzählt sie von der Geschichte der Moschee, die mit Spenden aus Saudi-Arabien in Schuss gehalten wird. Wohl dem, der Polnisch versteht.

## Grenzenlos und begrenzt

Im Lauf der Jahrhunderte wurden die Grenzen im Osten mehrfach verschoben, immer wieder änderte sich die Staatsangehörigkeit der Bürger. Im Nordosten von Podlasie erinnern bunt bemalte Holzhäuser sehr an litauische Dörfer. Tatsächlich leben dort noch rund 20 000 Litauer, die ihre eigene Sprache und Tradition bewusst pflegen. Für die Menschen hier liegt Kaunas, die zweitgrößte Stadt Litauens, näher als Białystok. Die Grenze zwischen den beiden EU-Mitgliedern hat nur noch eine symbolische Bedeutung. Anders ein paar Kilometer weiter südlich: Dort markiert die neue Außengrenze der Europäischen Union auch eine Wohlstandsgrenze. In Polen fängt für die Bewohner Weißrusslands der Westen an. Auf kleinen Märkten versuchen sie, ihre Habseligkeiten oder Geschmuggeltes zu verkaufen. Obwohl im Nordosten Polens etwa 150 000 Menschen weißrussischer Herkunft leben und viele familiäre Bande ins Nachbarland bestehen, sind Grenzübertritte nur mit Visum möglich. Die weißrussische Bevölkerung Polens stellt den größten Teil der orthodoxen Christen. Überall findet man hier ihre Kirchen mit dem charakteristischen Doppelkreuz.

## Europas letzter Urwald

Mit der kulturellen geht die natürliche Vielfalt einher. Der Nordosten gehört zu den am dünnsten besiedelten Regionen des

**01** *Burg Gottes: orthodoxes Kloster in Supraśl*
**02** *Branicki-Palast in Białystok*
**03** *Podlasie war Heimat Hunderttausender Juden: Synagoge von Tykocin*

**01** *Alljährlich ist Grabarka Wallfahrtsziel*

**02** *Dem heiligen Michael ist diese kleine orthodoxe Kirche in Bielsk Podlaski geweiht*
**03** *Hoffnung auf Hilfe: Fürbitte-Kreuze in Grabarka*

04

SPECIAL Wisente

# Könige des Urwalds

**Um das Jahr 1914 herum zählte man noch mehr als 700 Wisente im Urwald von Białowieża. Am Ende des Ersten Weltkriegs gab es keinen einzigen mehr. Sie waren den hungrigen Truppen und Wilderern zum Opfer gefallen.**

Im Jahr 1929 kehrte das erste Wisent-Pärchen in den Urwald zurück. Der Bulle „Borusse" kam aus einer Privatzucht in Deutschland, die Dame „Biserta" war im Stockholmer Zoo zur Welt gekommen. Aber ihre Vorfahren stammten aus dem ostpolnischen Urwald. Aus dem Zuchtreservat wurden 1952 die ersten Wisente wieder in die Natur entlassen. Heute leben mehr als 500 Tiere in freier Wildbahn – die polnische und die weißrussische Herde sind seit 1980 durch einen stabilen Grenzzaun getrennt. Die zotteligen Wildrinder können fast eine Tonne schwer werden und gelten als größte europäische Säugetiere. Sie ernähren sich pflanzlich. Wisente sind nicht besonders scheu und wagen sich gelegentlich bis an den Rand der Dörfer. Wer den König des Urwalds nicht in freier Wildbahn antrifft, kann das Schaugehege am Rande von Białowieża besuchen. Dort leben neben Wisenten auch polnische Wildpferde, die sogenannten Tarpane, Wölfe und Elche.

*Der „König der Wälder" im Białowieski-Urwald*

Landes – vier Nationalparks nehmen einen Großteil der Fläche ein. Der Białowieski-Urwald ist der älteste und bekannteste. Europas letzter Urwald reicht weit nach Weißrussland hinein, steht unter dem Schutz der UNESCO und ist Heimat für 15 000 Tierarten, doch die meisten Besucher spähen vor allem nach einer: den Wisenten, den „Königen des Urwalds". Glücklich, wer eines der tonnenschweren Tiere in freier Wildbahn erlebt.

### Wenn die Zeit gekommen ist

Im dichten Mischwald kommt Maria Semeniuk, die Germanistin und Nationalpark-Führerin, aus dem Erzählen nicht heraus. Von Pilzen an den Birken erzählt sie, die als Mittel gegen Krebs genutzt werden; von Flechten, die als Zeichen für die Reinheit der Luft gelten, und dann zeigt sie auf den übriggebliebenen Stamm der Jagiełło-Eiche: Fast 50 Meter reckte sich die rund acht Meter dicke Eiche einst in die Höhe, bis sie im Jahr 1974 fiel. Weit verstreut liegen nun ihre Splitter. In wenigen Jahren wird der Stamm bis zur Unkenntlichkeit zerfallen sein, wird man von einer anderen aus der Riege der mehr als 500-jährigen Eichen des Parks sagen, sie sei die älteste. „Bäume fallen, wenn ihre Zeit gekommen ist", meint Maria dazu, und es klingt, als wäre es das Natürlichste auf der Welt.

**04** *Der Osten Polens ist noch eine andere Welt: bei Białowieża*

01

02

*Der Nordosten gehört zu den am dünnsten besiedelten Regionen des Landes – vier Nationalparks nehmen einen Großteil der Fläche ein.*

**01** *Vögel sind das Objekt des Interesses im Biebrza-Nationalpark*
**02** *In der amphibischen Landschaft Narew-Nationalpark ist der Stocherkahn das Verkehrsmittel*
**03** *Origineller kann man beim Besuch des Białowieski-Nationalparks kaum wohnen: Pension „Sioło Budy“ in Budy bei Białowieża*

Černjahovsk
Gusev
Nesterov
Kybartai
Virbalis
Vilkaviškis
Marijampolė
Kalvarija
Lazdijai
Sejny
Puńsk
Sztabin
Wiżajny
Gołdap
Węgorzewo
Giżycko
Kętrzyn
Święta Lipka
Mrągowo
Mikołajki
Orzysz
Ełk
Olecko
Suwałki
Augustów
Raczki
Kalinowo
Stare Juchy
Pisz
Ruciane-Nida
Jez. Śniardwy
Jez. Mamry
Jez. Niegocin
Jez. Dargin
Jez. Wigry
Jez. Hańcza
Wigierski P.N.
Ruiny d. kwatery Hitlera
Grajewo
Rajgród
Szczuczyn
Biała Piska
Kolno
Łomża
Ostrołęka
Zambrów
Wizna
Tykocin
Goniądz
Mońki
Knyszyn
Białystok
Narwiański P.N.
Łapy
Sokółka
Krynki
Supraśl
Wasilków
Zabłudów
Bielsk Podlaski
Hajnówka
Brańsk
Ostrów Mazowiecka
Wysokie Mazowieckie
Czyżew-Osada
Małkinia Górna
Zuzela
Nur
Ciechanowiec
Biebrzański Park Narodowy
Pojezierze Suwalskie
Pojezierze Ełckie
Wzgórza Szeskie
Puszcza Augustowska
Puszcza Piska
Puszcza Knyszyńska
Puszcza Kurpiowska
Wysoczyzna Białostocka
Międzyrzecze Łomżyńskie
Nizina Północnopodlaska
Narew
Bug
Biebrza
01
02
03
04
05
06
A
BY
PL

# Reich an Kultur und Natur

Während Masuren, das wunderschöne „Land der 1000 Seen", als höchst attraktives Reiseziel längst etabliert ist, bleibt Podlasie für viele noch zu entdecken. Dabei ist Polens ferner Osten kaum weniger attraktiv: In Białystok lebten einst Russen, Weißrussen, Polen, Litauer, Roma und Deutsche, Katholiken, Protestanten, Orthodoxe, Juden und Moslems zusammen – Ludwik Zamenhofs Esperanto wurde hier geboren. Und zum Reichtum der Kultur gesellt sich eine atemberaubend schöne Natur.

## 01 GIŻYCKO/LÖTZEN

**Wunderschön im Zentrum der Großen Masurischen Seen gelegen, gilt Lötzen (32 000 Einw.) als Sommerhauptstadt Masurens.** Im Winter kommen Touristen zum Eissegeln oder Kiteboarden über die zugefrorenen Seen.

**SEHENSWERT** Die evangelische **Kirche** (1827) im Stadtzentrum ist ein Entwurf des preußischen Baumeisters Karl Friedrich Schinkel; heute finden dort wieder regelmäßig Gottesdienste in deutscher Sprache statt. Für den Bau der sternförmig angelegten **Feste Boyen** (tgl. 9.00 Uhr bis zur Dämmerung) wurden mehr als 15 Mio. Ziegel gebrannt; die preußische Anlage (Mitte des 19. Jh.) hielt im Ersten Weltkrieg russischen Attacken stand und wurde Ende des Zweiten Weltkriegs kampflos sowjetischen Truppen übergeben.

**VERANSTALTUNGEN** Im Sommer finden auf der Freilichtbühne an der Feste Boyen zahlreiche Konzerte statt; größte Veranstaltung ist das **Festival der Seemannslieder** im Juni.

**UNTERKUNFT** Das **Wodnik** ist ein Mittelklassehotel im Stadtzentrum (ul. 3 Maja 2, 11500 Giżycko, Tel. 087/4283871, www.cmazur.pl).

**UMGEBUNG** **Steinort** (Sztynort; nördl.) am Mauersee (Jezioro Mamry) wurde im 15. Jh. von der Familie von Lehndorff gegründet. Das barocke Schloss entstand Ende des 17. Jh. und wartet bis heute auf eine Sanierung. Der letzte Besitzer, Heinrich Graf von Lehndorff, gehörte zu den Widerstandskämpfern des 20. Juli 1944 und wurde in Berlin-Plötzensee hingerichtet. **Angerburg** (Węgorzewo; 25 km nördl.) ist ein beliebter Touristenort am Nordufer des Mauersees. Die spätgotische Pfarrkirche St. Peter und Paul (Kościół Św. Piotra i Pawła) entstand 1605–1611. Das Museum der Volkskultur zeigt Archäologisches und Kunsthandwerkliches aus der Region (Muzeum Kultury Ludowej, ul. Portowa 1; Mo.–Fr. 8.00–18.00, Sa./So. 10.00–18.00 Uhr, im Winter verkürzt).

**INFORMATION**
*Informacja Turystyczna, ul. Wyuwpöemoa 2, 11500 Giżycko, Tel. 087/428 52 65, Fax 087/4285760, www.gizycko.turystyka.pl*

*Nikolaiken ist das Wassersportzentrum an den Großen Masurischen Seen*

## 02 MIKOŁAJKI/ NIKOLAIKEN

**Der 1444 erstmals erwähnte Ort verdankt seiner malerischen Lage zwischen zwei Seen den Beinamen „Masurisches Venedig".** Erst vor wenigen Jahren erhielt die 4000-Einw.-Stadt ein neues Zentrum mit zahlreichen Geschäften und Restaurants sowie einen großen Jachthafen.

**SEHENSWERT** Die evangelische **Kirche** wurde bis 1842 erbaut. Daneben entstand 1973 das einzige **Museum zur polnischen Reformation**, u. a. mit einer 1726 gedruckten polnischen Bibel.

**UNTERKUNFT** Das **Gołębiewski** ist mit 600 Zimmern, Pool und Hubschrauber-Landeplatz eines der größten Hotels Polens (ul. Mrągowska 34, 11730 Mikołajki, Tel. 087/ 4290700, www. golebiewski.pl).

**UMGEBUNG** Am nahen **Luknainer See** (Jezioro Łuknajno; östl.) lebt die größte europäische Kolonie von Wildschwänen; das Reservat ist eingeschränkt besuchbar. Nach **Eckertsdorf** (Wojnowo; 20 km südl.) kamen Anfang des 19. Jh. russische Altgläubige (Philipponen), die in ihrer Heimat verfolgt wurden. Wenig später entstand ein Kloster, in dem bis 2006 Nonnen lebten; es kann auf Anfrage besichtigt werden (Tel. 087/4257030, www.klasztor.com.pl). In dem kleinen Ort gibt es auch eine blau-weiße orthodoxe Holzkirche. Über staubige Pfade führt der Weg südwärts ins „Masurische Eden": Beim Weiler **Isnothen** (Iznota) hat sich der Arzt und Psychiater Cesary Kubicky sein eigenes Reich geschaffen: Als Izegnus II. ist er der Häuptling seiner galindischen Krieger, die hier wie vor 1000 Jahren in Fellen und mit Speeren bewaffnet herumspringen. Wer als Nicht-Galinder das Gelände betritt, muss einen Obolus entrichten. Die Gästezimmer sind mit grobem Holz, Zweigen und Fellen gestaltet, haben aber auch Bad und TV. Das Restaurant hat die Form einer riesigen Höhle (Tel. 087/ 4231416, www.galindia.com.pl). In **Lyck** (Ełk, 57 000 Einw., 65 km östl.) wurde 1926 der Schriftsteller Siegfried Lenz geboren. Die „Kleinbahn namens Popp", von Lenz literarisch verewigt, tuckert noch immer von Lyck nach Turowo (Ełcka Kolej Wąskotorowa, Tel. 087/6100000, www.mosir.elk.com.pl/ekw; Eisenbahnmuseum am Bhf. geöffnet tgl. 8.00 bis 15.00 Uhr). Unweit von Lyck betreibt der Deutsche Jochen Elsner seinen **Masurenhof** mit Heuhotel (Tel. 087/6197705, www.masurenhof.info).

**INFORMATION**
*Informacja Turystyczna, plac Wolności 3, 11730 Mikołajki, Tel./Fax 087/4216850 (im Sommer)*
*www.mikolajki.pl*

## 03 MRĄGOWO/ SENSBURG

**Das Erscheinungsbild der 650-jährigen Stadt (23 000 Einw.) stammt aus dem 19. Jh.; sie liegt inmitten eines reizvollen Seengebiets.** 1947 erhielt sie ihren heutigen Namen nach dem Danziger Pastor und Sprachwissenschaftler Krzysztof Celestyn Mrągowiusz (1764–1855).

**SEHENSWERT** Die evangelische **Kirche** in der Kościelna-Straße stammt von 1734; die neugotische **St.-Adalbert-Kirche** (Kościół Św. Wojciecha) nahebei wurde 1861 errichtet. Im 1825 gebauten **Rathaus** zeigt die Außenstelle des

Ermländisch-Masurischen Museums u.a. eine Ausstellung über den Schriftsteller Ernst Wiechert (1887 bis 1950), der im nahe gelegenen Forsthaus von Kleinort (Piersławek; 12 km südl., 3 km nördl. Piecki) geboren wurde (Muzeum Warmii i Mazur, ul. Ratuszowa 5; Di.–So. 9.00 bis 17.00 Uhr). Von dort führt eine hübsche Promenade zum Schoßsee (Jeziero Czoś).

**VERANSTALTUNG** Ende Juli verwandelt sich die Stadt beim Festival **Country-Piknik**, in Klein-Nashville.

**UNTERKUNFT** Das **Mercure Mrongovia** ist ein Mittelklassehotel mit großem Wellnessbereich (ul. Giżycka 6, 11700 Mrągowo, Tel. 089/ 7433100, www.orbis.pl).

**UMGEBUNG** In der 7000-Einw.-Stadt **Rhein** (Ryn, 20 km nordöstl.) begann 1376 der Bau der mächtigen Ordensritterburg, die 1853 im Stil der englischen Gotik umgebaut wurde. Seit 2006 beherbergt sie ein modernes Kongress- und Wellnesshotel (Hotel Zamek Ryn, Pl. Wolności 2, Tel. 087/4297000, www.zamekryn.pl).

### INFORMATION

*Informacja Turystyczna, ul. Warszawska 26, 11700 Mrągowo, Tel./Fax 089/7418039, www.mragowo.it.pl*

## 04 KĘTRZYN/ RASTENBURG

**Anstelle eine pruzzischen Siedlung bauten die Ordensritter im 14. Jh. eine Burg, um die sich das spätere Zentrum des adligen ostpreußischen Großgrundbesitzes entwikkelte.** Heute ist Rastenburg (30 000 Einw.) nach Wojciech Kętrzyński (1838–1918) benannt, der für das Polentum in Masuren gekämpft hatte.

**SEHENSWERT** Die quadratisch angelegte **Ordensburg** entstand ab dem Jahr 1357. Heute sind dort im **Regionalmuseum** u.a. gotische Skulpturen sowie Möbel vergangener Jahrhunderte zu sehen (Muzeum im. Wojciecha Kętrzyńskiego, plac Zamkowi 1, www.muzeum. ketrzn.pl; im Sommer Mo.–Sa. 9.00–18.00, Sa. und So. 9.00–17.00 Uhr, sonst Sa.–Mo. 9.00–15.00, Di.–Fr. 9.00–16.00 Uhr). Die mächtige gotische **St.-Georg-Kirche** (Kościół Św. Jerzego) wurde ebenfalls von den Kreuzrittern errichtet und diente als Teil der Stadtfestung; sie hat ein herrliches Kristallgewölbe. Im Schatten der Basilika steht die kleine, um das Jahr 1480 herum gebaute und barock ausgestattete **St.-Johannes-Kirche** (Kościół Św. Jana). Sie dient heute der evangelischen Gemeinde als Gotteshaus.

**VERANSTALTUNGEN** Im Juli finden die Festtage **Rastenburger Sommer** statt, in den Sommermonaten Konzertabende im Schloss.

**UNTERKUNFT** Ein Teil der **Bischofsburg** von Rößel wird als Hotel genutzt; Zimmer, Restaurant und Bar hat der langjährige Hausherr und Bildhauer Bolesław Marschall mit selbst entworfenen Möbeln ausgestattet (Zamek Reszel, ul. Podzamcze 3, 11440 Reszel, Tel. 089/7550109, Fax 089/7551597, www.zamek-reszel.com).

**UMGEBUNG** Unweit von Rastenburg liegt 10 km östl. bei Görlitz (Gierłoż) die **Wolfsschanze** TOPZIEL (Wilczy Szaniec), der ehem. Bunker Adolf Hitlers (tgl. bis Sonnenuntergang). Während diese Anlagen vor Kriegsende zerstört wurden, blieben in Mauerwald (Mamerki) zwischen Görlitz und Angerburg am Jeziero Mamry 30 Bunker des ehemaligen Oberkommandos der Heeresleitung erhalten und können von Mai bis Okt. besichtigt werden (Tel. 089/ 7524283, www.mamerki.com).
Die 1687 geweihte, 1759 fertig gestellte Wallfahrtskirche **Heiligelinde** TOPZIEL (Święta Lipka, 15 km südw.) gilt als schönster Barockbau von Nordpolen. Besonders interessant ist die 1721 von der Königsberger Firma Josua Mosengel gefertigte Orgel mit zahlreichen beweglichen Figuren; in den Sommermonaten werden mehrfach am Tag kleinere Konzerte gegeben.
Die ermländische Kleinstadt **Rößel** (Reszel, 20 km westl.) hat ihre mittelalterliche Anlage bis heute bewahrt. Die im 14. Jh. erbaute vierflügelige Bischofsburg zählt zu den wichtigsten Adressen für zeitgenössische Kunst in der Region; zu den Vernissagen reisen oft auch Kunstinteressierte aus Warschau an.

### INFORMATION

*Informacja Turystyczna, plac Piłsudskiego 1, 11400 Kętrzyn, Tel. 089/7514765, www.ketrzyn.com.pl*

## 05 BIAŁYSTOK

**Białystok ist mit fast 300 000 Einw. die größte Stadt im Nordosten Polens, wichtiges Wissenschaftszentrum mit fast 40 000 Studenten und lebhaftes kulturelles Zentrum mit Philharmonie, Theatern und Museen.** Jan Klemens Branicki ließ hier sein „polnisches Versailles“ bauen und machte Białystok zum Treffpunkt von Künstlern und Wissenschaftlern.

**SEHENSWERT** Der barocke **Pałac Branicki** mit seinem französischen Park als Herzstück der Stadt entstand bis Mitte des 18. Jh. im Auftrag von Jan Klemens Branicki. Ihm sind auch

*Orient in Europa: Moschee von Bohoniki*

das **Zeughaus** am Rynek Kościuszki (heute Staatsarchiv) und ein **Gästehaus** in der ul. Kilińskiego (heute Standesamt) zu verdanken. Auch das alte **Rathaus** entstand in dieser Zeit. Heute zeigt dort ein Museum u.a. polnische Malerei der letzten drei Jahrhunderte (Muzeum Podlaskiego w Białymstoku, Rynek Kościuszki 10; Di.–So. 10.00 bis 17.00 Uhr, www.muzeum.bialystok.pl). Mitglieder der Branicki-Familie fanden ihre letzte Ruhestätte in der Krypta der 1617 bis 1626 gebauten **Pfarrkirche** (Kościół farny) an der ul. Kościelna. An die kleine barocke Kirche schließt sich seit 1905 eine monumentale neugotische **Kathedrale** an. Zu Zeiten der russischen Besatzung war der Neubau von katholischen Kirchen verboten, deshalb wurde die neue Kathedrale als Ausbau der Pfarrkirche deklariert. Die **St.-Rochus-Kirche** (Kościół Św. Rocha) in der ul. Dąbrowskiego gilt als eine der ersten modernen Kirchen in Polen; Oskar Sosnowski entwarf 1927 den expressionistischen Stahlbetonbau mit seinem 80 m hohen Turm. Außerhalb des Stadtzentrums an der ul. Antoniuk Fabryczyny wurde um die Jahrtausendwende die **Heilig-Geist-Kirche** (Kościół Św. Ducha) fertig gestellt, die größte orthodoxe Kirche Polens; allein das Kreuz auf dem Hauptturm wiegt 1,5 t. An die 1941 von den Nazis abgebrannte **Hauptsynagoge** erinnert seit 1995 ein Denkmal.

**MUSEUM** Der ehem. Jugendstil-Palast von Samuel Citron, einem der reichsten Białystoker Kaufleute, ist heute **Historisches Museum** (Muzeum Historyczne, ul. Warszawska 37; Di.–So. 10.00–17.00 Uhr).

**VERANSTALTUNGEN** Im Mai werden in Białystok die **Tage der Modernen Kunst** veranstaltet, im Sept. **Tage der Orthodoxen Musik** und im Nov. das **Herbstfestival des Blues**.

**UNTERKUNFT** Das stilvolle **Hotel Branicki** setzt die Tradition des 1944 zerstörten Luxushotels Ritz fort (ul. Zamenhofa 25, 15435 Białystok, Tel. 085/6652500, www.hotelbranicki.com).

**UMGEBUNG** Die einstige Residenzstadt **Tykocin** (40 km westl.) gilt als barocke Perle. Den trapezförmig angelegten Marktplatz säumen Bauten aus dem 18. Jh.; auffälligstes Gebäude dort ist die barocke Dreifaltigkeitskirche (Kościół Św. Trójcy, 1742–1750). Heute befindet sich darin eine Ausstellung zur jüdischen Geschichte der Stadt und Umgebung (Muzeum w Tykocynie, ul. Kozia 2; Di.–So. 10.00 bis 16.30 Uhr). Der 1522 angelegte Jüdische Friedhof am westl. Stadtrand wird seit 1943 nicht mehr genutzt. Podlasie war einmal Heimat von rund 200 000 Juden, doch nur wenige haben den Holocaust überlebt.
In den abgelegenen Dörfern **Kruszyniany** TOPZIEL (65 km östl.) und **Bohoniki** TOPZIEL (östl. Sokółka), schon dicht an der Grenze zu Weißrussland, siedelten sich im 17. Jh. Tatarenfamilien an, deren Nachfahren bis heute Muslime sind. In beiden Orten gibt es noch hölzerne Moscheen.

**INFORMATION**
*Informacja Turystyczna, ul. Malmeda 6, 15440 Białystok, Tel./Fax 085/7323861, www.bialystok.pl*

## 06 HAJNÓWKA

**In der Kreisstadt ist die Nähe Russlands schon stark zu spüren.** Bis 1982 entstand eine der größten orthodoxen Kirchen der Region mit 5000 Plätzen. Im Mai findet darin ein internationales **Festival der orthodoxen Sakralmusik** statt (www.festiwal-hajnowka.pl).

**MUSEUM** Der Kultur der weißrussischen Minderheit widmet sich das **Muzeum i Ośrodek Kultury Białoruskiej** (ul. 3-go Maja 42, Mo.–Fr. 8.00–16.00, Sa. u. So. 12.00–17.00 Uhr).

**AKTIVITÄT** Vom Bahnhof in Hajnówka startet im Juli und Aug. eine historische **Kleinbahn** (Nadlenictwo Hajnówka Kolejki Leśne, ul. Dzielnicowa 12, Tel. 085/6822689; Mi. und Sa. 10.00 Uhr) zu Ausflugsfahrten nach Topiło (ca. 17 km, 4 Std.) Postołowa (6 km, 2 Std.) und Lipiny (4 km, 1,5 Std.).

**UNTERKUNFT** Das **Białowieski** ist ein neues Mittelklassehaus am Rande des Urwalds (ul. Waskiewicza 218b, 17230 Białowieża, Tel. 085/6812022, www.hotel.bialowieza.pl).

**UMGEBUNG** Der **Białowieski-Nationalpark** TOPZIEL (Białowieski Park Narodowy) ist das bekannteste Naturschutzgebiet im Nordosten Polens und UNESCO-Welterbe. Bester Ausgangspunkt zur Besichtigung des Urwalds ist Białowieża (21 km östl.), wo in den vergangenen Jahren mehrere neue Hotels gebaut wurden. Der 10 500 ha große Nationalpark beginnt unmittelbar hinter dem Dorf, darf aber nur in Begleitung eines Führers betreten werden. Im Schaugehege von Białowieża kann man neben den Wisenten auch Tarpan-Wildpferde, Elche und Wölfe aus nächster Nähe sehen (tgl. 9.00–17.00, Winter Di.–So. 8.00–16.00 Uhr). Im 50 ha großen Park befand sich der im Zweiten Weltkrieg zerstörte Zarenpalast. Dort entstand der Hauptsitz der Nationalparkverwaltung mit Aussichtsturm und Museum (Muzeum Przyrodniczo-Leśne, Park Pałacowy 5, Tel. 085/6829702, www.bnp.com.pl, Mo.–Fr. 9.00 bis 16.30, Sa. und So. bis 17.00 Uhr, Winter Di. bis So. 8.00–16.00 Uhr).

**INFORMATION**
*Informacja Turystyczna, ul. 3 Maja 45, 17200 Hajnówka, Tel. 085/6824381, Fax 085/6825141, www.hajnowka.pl*

*Die Dreifaltigkeitskirche in Tykocin*

## Nicht versäumen!

AKTIV

**„Masurisches Venedig“**
Der 1444 erstmals erwähnte Ort Nikolaiken verdankt seiner malerischen Lage zwischen zwei Seen den Beinamen „Masurisches Venedig“. Die 4000-Einwohnerstadt ist *das* Wassersportzentrum an den Großen Masurischen Seen.

Siehe Nr. 02

GESCHICHTE

**Terror und Widerstand**
Unweit von Rastenburg liegt bei Görlitz die Wolfsschanze, der ehemalige Bunker Adolf Hitlers, Symbol nationalsozialistischen Terrors wie des deutschen Widerstands. Am 20. Juli 1944 scheiterte dort das Attentat auf den Diktator.

TOPZIEL Siehe Nr. 04

KUTLUR

**Barocke Pracht**
Die Wallfahrtskirche Heiligelinde gilt als schönster Barockbau von Nordpolen. Besonders interessant ist die im Jahr 1721 von der Königsberger Firma Josua Mosengel gefertigte Orgel mit zahlreichen beweglichen Figuren.

TOPZIEL Siehe Nr. 04

KULTUR

**Im polnischen Orient**
In den abgelegenen Dörfern Kruszyniany und Bohoniki siedelten sich einst im 17. Jh. Tatarenfamilien an, deren Nachfahren bis heute Muslime sind. In beiden Orten gibt es noch hölzerne Moscheen zu sehen.

TOPZIEL Siehe Nr. 05

NATUR

**UNESCO-Welterbe Białowież**
Der Białowieski-Nationalpark ist das bekannteste Naturschutzgebiet im Nordosten Polens. Bester Ausgangspunkt zur Besichtigung ist Białowieża – der beeindruckende Urwald beginnt unmittelbar hinter dem Dorf.

TOPZIEL Siehe Nr. 06

# POLENS NORDOSTEN

## *für Genießer*

Rot und Weiß sind die Farben der polnischen Suppe, und wehe, sie kommt kalt auf den Tisch! Ein echter Schmaus sind Pierogi, die Maultaschen des Ostens, und nach dem Essen trinkt man gerne Wodka: Polens Nationalgetränk haben keineswegs die Russen erfunden – es soll sogar gut sein für das Seelenheil!

# ROT UND WEISS
## *Die Farben der polnischen Suppe*

Mittags war die Suppe kalt. Und zwar regelmäßig kalt, wenn die Arbeiter der Danziger Werft zur Mittagspause kamen. Das gefiel der Kranfahrerin Anna Walentynowicz nicht – und weil ihre Kritik nicht ernst genommen wurde, griff die resolute Arbeiterin zur Selbsthilfe. Mit einem Kübel heißer Suppe und einer Kelle bewaffnet fuhr sie über das Werftgelände und teilte kräftig Suppe aus. Heiße Suppe! Daraufhin wurde Walentynowicz gefeuert, die Kollegen streikten für ihre Wiedereinstellung. So begann im Jahr 1980 der Kampf der Gewerkschaft Solidarność. Der Rest ist bekannt …

### Die Vorsuppe und der Lauf der Welt

Wie man sieht, kann also ein Teller Suppe den Lauf der Welt verändern. Jedenfalls den der jüngeren polnischen Geschichte, und tatsächlich hat Suppe im Leben der Polen einen wichtigen Stellenwert. Ganz gleich, was als Hauptgericht auf den Tisch kommt, die Vorsuppe gehört noch traditionell zu einem richtigen polnischen Mittagsmahl dazu. Typisch polnisch ist vor allem der Żurek, eine saure Mehlsuppe. Aber auch Rote-Bete-Suppen und Pilzsuppen sind sehr beliebt. Für ihre Vorbereitung nimmt man sich oft viel Zeit.

*Mit einem Kübel heißer Suppe und einer Kelle bewaffnet fuhr sie über das Werftgelände und teilte kräftig Suppe aus.*

### Żurek: sauer und gut

Der schon seit vielen Generationen beliebte Żurek wird oft auch als Vortagssuppe bezeichnet. Denn um diese richtig vorzubereiten, benötigt man mehrere Tage. Glaubt man den Köchen, dann hilft die Suppe auch, das Verdauungssystem nach dem durchzechten Vortag wieder zu regenerieren. Auch das würde den Beinamen erklären. Żurek ist die Verkleinerungsform von Żur und dieser Name wiederum leitet sich vom deutschen Wort „sauer" ab.
Die Zubereitungsart des Żurek ist so vielfältig wie das Land selbst. Je nach Region gibt es ganz unterschiedliche Zutaten, die Rezepte werden von Generation zu Generation weiter gegeben. Auch je nach Jahreszeit änderte sich früher die Zusammensetzung. So beschränkte man sich etwa zur Fastenzeit auf ein Minimum an Zutaten, um nach der Zeit der Entbehrungen dann umso freigiebiger damit zu sein.

### Nahrhaft und billig

Grundlage des Żurek ist vergorenes Mehl. Um das Vorprodukt herzustellen, wird Roggenschrot in Wasser gerührt, mit einigen Scheiben Brot und Knoblauchzehen angereichert und zwei bis drei Tage in einem Steintopf zum Ansäuern stehen gelassen.

GRAUPENSUPPE (KRUPNIK) ZÄHLT ZU DEN TRADITIONELLEN POLNISCHEN GERICHTEN

APPETIT AUF EINE KALTE GURKENSUPPE?

Später kommen Bauchspeck und Suppengemüse, Weißwurst, Sahne und Gewürze hinzu. Oft finden sich im Żurek auch Pilze, Kartoffeln sowie hart gekochte Eierhälften. Weil die Zutaten billig sind und Żurek wegen der Vielzahl an Kohlenhydraten sehr nahrhaft ist, war die Suppe früher vor allem bei der armen Bevölkerung sehr beliebt. Doch bis heute findet man sie auch auf dem Speiseplan von guten polnischen Restaurants. In Ausflugslokalen wird Żurek gerne in ausgehöhlten Brothälften serviert: Dann kann man mit der Suppe auch gleich die Schüssel aufessen.

### Barszcz: ein klarer Klassiker

Wer es gerne etwas leichter haben möchte, der kann zur ebenfalls klassischen Rote-Bete-Suppe greifen, die im Polnischen den etwas zungenbrecherischen Namen Barszcz trägt. Anders als die üppige ukrainische Variante ist die traditionelle polnische Barszcz czerwony klar. Zuweilen schwimmen in der tiefroten Suppe kleine, mit Pilzen oder Sauerkraut gefüllte Teigtaschen (Barszcz z uszkami) oder es wird zur Barszcz eine große Fleischkrokette gereicht (krokiet z mięsem). Die klare Barszcz-Suppe ohne Zutaten wird häufig in Suppentassen serviert, mit Einlagen gibt es sie klassisch im Teller. Was so einfach daher kommt, braucht doch einige Vorbereitung: Klassisch werden zunächst eine Rinderbrühe und dann eine Rote-Bete-Brühe gekocht, danach erst werden beide vermischt, mit Salz, Zitronensaft und Zucker abgeschmeckt, und dann nochmals erhitzt. Ganz zum Schluss kommt fein gehackter Knoblauch dazu, der der Suppe ihr würziges Aroma verleiht. Barszcz gibt es längst auch als Tütensuppe, doch die hat mit der hausgemachten Variante nicht allzu viel gemein.

AUCH WEISSKOHL WILL ZUR SUPPE WERDEN

### Polnisches Suppenallerlei

Graupensuppe (krupnik), Weißkohlsuppe (kapuśniak) oder Gurkensuppe (zupa ogórkowa) zählen ebenfalls zu den traditionellen polnischen Gerichten. Sehr beliebt ist zudem die sämige Rahmsuppe mit gemischten Waldpilzen (zupa krem z borowików). Bohnensuppe (zupa fasolawa), Kartoffelsuppe (zupa ziemniaczana) oder Tomatensuppe (zupa pomidorowa) finden sich auch recht häufig auf dem Speiseplan. Zu den traditionellen Vorspeisen zählt außerdem die Rosół, eine klare Bouillonsuppe mit Nudeln.

Sehr beliebt sind im Sommer auch Kaltschalen, zum Beispiel Fruchtsuppen mit Heidelbeeren. Natürlich verschließt man sich in Polen auch nicht den ausländischen Einflüssen, und so kann man hier von der klassischen italienischen Minestrone bis zur thailändischen Tom-Kha-Gai-Suppe ein breites Angebot vorfinden. Kurzum: Für Suppenliebhaber ist Polen einfach paradiesisch.

### Schwarzes Blut

Aufpassen sollte man allerdings, wenn einem die traditionelle Schwarzsuppe serviert wird, die sogar in Polens Nationalepos „Pan Tadeusz" Eingang fand. Diese süßsaure Suppe verdankt ihre Farbe dem Blut von Enten. Früher war es in Polen üblich, dass die Eltern dem Freier ihrer Tochter einen Teller Schwarzsuppe auftischten, wenn sie ihm eine Abfuhr erteilen wollten. Bis heute sagen Verschmähte in Polen gelegentlich, sie fühlen sich, als hätten sie die schwarze Suppe bekommen (czuję się jakbym dostał czarną polewkę).

## Rezepte

### Klare Rote-Bete-Suppe (Barszcz czerwony)

Traditionell werden Rinderbrühe und Rote-Bete-Suppe getrennt zubereitet und erst dann zusammen gefügt.

*Zutaten für vier Personen:*

Für die Rinderbrühe 250 g Rinderbrust, 50 g durchwachsener Speck, 1 kleine Stange Lauch, 1 Petersilienwurzel, 1 Möhre, 1 Lorbeerblatt, 1 TL schwarze Pfefferkörner, Salz.

Für die Rote-Bete-Suppe 300 g frische Rote Bete, 2-3 EL Apfelessig, 2 EL Zitronensaft, Salz, 1/2 TL Zucker, 1 Knoblauchzehe, 1/2 Bund Schnittlauch.

*Zubereitung:*

Für die Rinderbrühe wird zunächst das Suppengemüse gewaschen, geputzt und in grobe Stücke zerkleinert, mit den übrigen Zutaten in einen Topf gelegt und mit einem Liter Wasser aufgekocht. Danach abschäumen und bei schwacher Hitze 90 Minuten kochen lassen. Das Fleisch wird anschließend herausgenommen, die Brühe gesiebt, das Gemüse ausgedrückt, die Reste werden dann entsorgt. Für die Rote-Bete-Brühe werden die Rüben geschält, in einen Topf geraspelt und mit 3/4 l Wasser aufgekocht. Anschließend noch 10 Minuten garen, Essig und Salz unterrühren, dann weitere 20 Minuten ziehen lassen. Die Brühe durch ein Sieb gießen, mit einem Löffel das Gemüse ausdrücken und die Reste entsorgen.

*Schälen, raspeln, aufkochen: Rote Bete*

Zum Schluss werden beide Brühen vermischt, mit Salz, Zitronensaft und Zucker abgeschmeckt und nochmals erhitzt.

Den geschälten und fein gehackten Knoblauch vor dem Servieren unterrühren und die einzelnen Portionen mit etwas Schnittlauch garnieren.

### Saure Mehlsuppe (Żurek)

Bevor die eigentliche Suppe zubereitet wird, muss als Vorprodukt das angesäuerte Mehl hergestellt werden.

*Zutaten für vier Personen:*

Für das angesäuerte Mehl 3-4 EL Roggenschrot, 2 Schnitten Brot, 2-3 Knoblauchzehen. Für die Suppe 100 g geräucherten Bauchspeck, 200 g Saure Sahne, 1 EL Mehl, 3 Möhren, 1 Stange Sellerie, 1 Petersilienwurzel, 2 Knoblauchzehen, Salz, Majoran, 1 Lorbeerblatt, etwas Piment, 200 g Weißwurst.

*Variante: Żurek mit Eiern und Wurst*

*Zubereitung:*

Das Roggenschrot wird in einem halben Liter warmen Wasser untergerührt und die Mischung dann in einen Steintopf gegossen. Das zerkleinerte Brot und den Knoblauch zugeben, alles mit einem dünnen Baumwolltuch zudecken und zwei bis drei Tage zum Ansäuern in einem nicht zu kühlen Raum stehen lassen. Am Ende sollte das vergorene Mehl sauer riechen. Danach wird der klein geschnittene Bauchspeck mit dem Suppengemüse, dem Lorbeerblatt und Piment in 1 l Salzwasser gekocht. Die Gemüsebrühe durch ein Sieb gießen und das saure Mehl hinzufügen. Anschließend mit Salz, Knoblauch und etwas Majoran abschmecken, den Esslöffel Mehl in der Sahne unterrühren und beifügen. Unter Rühren kurz aufkochen, die in Scheiben geschnittene Weißwurst hinzufügen und alles noch einmal zehn Minuten kochen. Zum Servieren können in jeden Teller hart gekochte Eihälften zugefügt werden.

*Für Liebhaber leckerer Suppen wie dieser schmackhaften Kartoffelcremesuppe ist Polen einfach paradiesisch.*

# DIE MAULTASCHEN DES OSTENS
## *Ein echter Schmaus*

PIEROGI

Was den Schwaben ihre Maultaschen und den Italienern die Ravioli, sind den Polen die Pierogi. Mit ihrer Vielfalt an Zutaten eignen sie sich als herzhafte Hauptmahlzeit oder als süßer Nachtisch. Die Teigtaschen sind ähnlich abwechslungsreich gestaltet und ebenso stark verbreitet wie anderswo Pizza. Man findet sie auf den Speisekarten von einfachen Lokalen ebenso wie in edlen Restaurants und sie gehören zu einem guten Festschmaus einfach dazu.

### Die schöne Königin …

Die polnische Küche hat viele Einflüsse von außen aufgenommen. Man schaute bei den Nachbarn in der Ukraine, in Russland, Litauen, Tschechien oder Deutschland in die Kochtöpfe, nahm jüdische Traditionen mit auf, holte sich Anregungen bei Österreichern, Franzosen und in vielen anderen Länden.
Pierogi lassen den Einfluss des nahen Russland auf die polnische Küche erahnen. „Pir" heißt dort übersetzt soviel wie Gastmahl oder Schmaus. Anders als in Polen verwendet man in Russland allerdings Hefe für den Teig. Andere Quellen sehen deshalb auch die aus Italien stammende Königin Bona Sforza als Ahnherrin der Pierogi, was die Verwandtschaft der polnischen Teigtaschen mit den Ravioli erklären würde: Die schöne Bona Sforza hatte im Jahr 1518 König Sigismund von Polen geheiratet und wurde so zur Königin von Polen und Großfürstin von Litauen. Da ihr Gatte 27 Jahre älter war und bald kaum noch die Kraft für's Regieren fand, übernahm die junge Bona praktisch seine Amtsgeschäfte. Sie ließ zahlreiche Schlösser, Schulen und Hospitäler bauen, brachte viele italienische Künstler und mit ihr die Renaissance ins Land. Im Gefolge der Königin kamen auch italienische Köche, brachten neue Gemüsesorten mit und veränderten so den polnischen Speiseplan.

### … und ihre Liebe zur heimischen Pasta

Indes war die junge Königin im Lande nicht sehr beliebt. Man warf ihr Korruption und Intrigen am Hof vor, sie galt als gierig und ehrgeizig. Nach Sigismunds Tod im Jahr 1548 lieferte sie sich einen langen Machtkampf mit ihrem Sohn, Sigismund II. August, den sie am Ende verlor. So war es wohl nicht nur die Liebe zur heimischen Pasta, die sie im Jahr 1556 wieder nach Italien zurückführte. Dort fiel sie schon ein Jahr später einem Anschlag zum Opfer.

HERZHAFT ODER SÜSS?

### Ein schneller Siegeszug

Ganz gleich, wer sie nun eingeführt hat, die Pierogi traten schnell ihren Siegeszug im ganzen Land an und sind – auch sehr zur Freude der Touristen – nicht mehr aus der polnischen Küche wegzudenken.

## Beste Wahl

Pierogi gehören zu jedem polnischen Lokal, das etwas auf sich hält. Aber wer die große Auswahl sucht, der ist in einer **Pierogarnia** bestens aufgehoben: Diese haben sich auf Teigtaschen spezialisiert, bieten aber meist auch einige andere Gerichte an.
Die Danziger „Pierogarnia u Dzika" (Zum Wildschwein) zum Beispiel befindet sich in einem historischen Gebäude mit Beischlag in der Altstadt. Auf der Terrasse und im hübschen Innenraum werden 15 verschiedene Sorten handgemachte Pierogi serviert, darunter auch – nomen est omen – Pierogi mit Wildschwein-Füllung. Damit die Auswahl erleichtert wird, kann man sich einen Teller mit verschiedenen Varianten zusammen stellen lassen und so für vier bis fünf Euro vorzüglich speisen.

*ul. Piwna 59/60, Tel. 058/3052676,*
*www. pierogarniaudzika.com,*
*tgl. ab 11.00 Uhr bis zum späten Abend*

HERZHAFT: POLNISCHE PIROGGEN MIT SCHWEINEFLEISCH-CHAMPIGNON-FÜLLUNG

## Rezepte

Unabhängig von der Füllung bleibt der Grundteig für **Pierogi** immer gleich.

**Zutaten für den Teig:** 500 g Mehl, 1 Ei, eine Prise Salz, ca. 1/8 l Wasser, ein EL weiche Butter

**Zubereitung des Teigs:** Das durchgeseihte Mehl auf die Arbeitsplatte geben, in der Mitte eine Kuhle formen, Salz, Ei, Butter und Wasser dazugeben und alles zu einem lockeren Teig verkneten.

Die Masse teilen und den nicht sofort weiterverarbeiteten Teig zudecken, damit er nicht austrocknet. Den Rest auf einer mit Mehl leicht bestäubten Arbeitsfläche dünn ausrollen, und mit einem Wasserglas runde Scheiben von etwa 8 cm Durchmesser ausstechen. Den übrigen Teig zu einer Kugel formen und neu ausrollen. In die Mitte der Kreise kommt eine kleine Menge der Füllung (ein guter Teelöffel), dann werden die Kreise in der Mitte gefaltet und die Ränder mit den Fingern zusammen gedrückt. Die Füllung darf dabei nicht zwischen die Teigränder kommen. In einem flachen Topf wird Wasser mit einem EL Salz und etwas Öl aufgekocht. Dann die Temperatur etwas verringern. Die Teigtaschen portionsweise mit einem Sieblöffel in den Topf legen, dann einmal umrühren. Die Pierogi gehen zunächst unter, tauchen aber wieder auf, wenn sie gar sind. Dann mit einem Sieblöffel herausnehmen und abtropfen lassen. Auf einer erwärmten Platte servieren, mit zerlassener Butter und evtl. angeschmorten Zwiebeln begießen. Alternativ kann man die gekochten Pierogi vor dem Servieren kurz in Schmalz anbraten.

*Mit zerlassener Butter begießen*

*Deftig: Polnische Piroggen mit Speck*

### Füllung für Pierogi ruskie

**Zutaten:** 800 g Kartoffeln, 200 g Quark, etwas geriebenen Schnitt- oder Schafskäse, 50 g Zwiebeln, 30 g Butter, eine Prise Salz, etwas Pfeffer

**Zubereitung:** Die Kartoffeln werden mit Schale gekocht, anschließend gepellt und zusammen mit dem Quark durch den Wolf gedreht. Dann kommen die in Butter goldbraun gerösteten und kleingeschnittenen Zwiebeln, das Salz und der Pfeffer dazu und alles wird zu einer cremigen Masse verrührt.

### Füllung für Pierogi mit Pilzen und Sauerkraut

**Zutaten:** 500 g Weißkohl, 500 g Sauerkraut, 200 g Champignons, 50 g Zwiebeln, eine Prise Salz, etwas Pfeffer

**Zubereitung:** Der Weißkohl wird auf einer Reibe in feine Streifen geschnitten, mit dem Sauerkraut und den klein geschnittenen Pilzen vermischt und in wenig Wasser gar gekocht. Die fein geschnittenen und goldbraun gebratenen Zwiebeln hinzufügen und die Masse abkühlen lassen. Mit einem Baumwolltuch wird die Füllung ausgepresst und von der überschüssigen Flüssigkeit befreit.

Neben den heute noch sogenannten „Pierogi ruskie" – den russischen Pieroggen mit einer Füllung aus Weißkäse, Zwiebeln und Kartoffeln – gibt es noch zahlreiche andere Variationen. Sehr verbreitet sind zum Beispiel die mit Pilzen und Sauerkraut gefüllten Teigtaschen, deren Name allerdings schwerer über ausländische Zungen geht. Sie heißen „pierogi z grzybami i kapustą". Zur Not lassen sie sich auch mit einem Fingerzeig auf die Speisekarte bestellen. Zur Grundausstattung vieler Lokale gehören ferner die „pierogi z mięsem", mit Hackfleisch gefüllte Teigtaschen. In vielen Städten gibt es Pierogarnia genannte Lokale, in denen eine Auswahl von einem Dutzend oder mehr Sorten auf der Speisekarte zu finden ist. Für wenige Złoty kann man dort ein abwechslungsreiches, sättigendes Mahl bestellen.

### Halbmond und Wellenform

Der Grundteig ist immer gleich. Er besteht aus Mehl, Wasser, Eiern, einer Prise Salz und etwas Butter. Alle Zutaten werden in einer Schüssel verrührt, der fertige Teig wird dann auf etwa zwei bis drei Millimeter Dicke ausgerollt. Daraus stanzt man mit einem Glas Kreise heraus, die dann in der Mitte mit der Füllung belegt und zu einem Halbmond zusammengefaltet werden. Der Rand wird schließlich mit den Fingern in der charakteristischen Wellenform zusammengeklebt. Wer einmal dabei ist, fertigt gleich ein paar Taschen mehr und friert den Rest für später ein.

### Fertig sind die Pierogi …

Mit etwas Salz und Öl werden die fertigen Taschen fünf bis acht Minuten in einem Topf gekocht. Manche Polen braten die gekochten Pirogi anschließend leicht in Schmalz an, um den Geschmack zu verstärken. Alternativ werden die gekochten Pierogi mit brauner Butter und darin angebratenen Zwiebeln übergossen. Bequemeren Zeitgenossen bieten die Tiefkühltruhen der polnischen Supermärkte vorgefertigte Pierogi in zahlreichen Varianten, die nur noch aufgekocht oder angebraten werden müssen. Doch die sind mit den handgemachten Teigtaschen kaum zu vergleichen.

### … und einfach lecker!

Besonders im Sommer füllt man die Pierogi häufig mit Erdbeeren, Heidelbeeren, Blaubeeren, Süßkirschen oder anderen Obstsorten. Diese werden nach dem Kochen meist mit saurer Sahne oder Schlagsahne übergossen und mit Zucker bestreut als ein leckerer Nachtisch serviert.

# DAS NATIONALGETRÄNK
## *Ein ganz besonderes Wässerchen*

Würden es die Franzosen zulassen, ein Getränk aus Pflaumen Champagner zu nennen?, fragte im Jahr 2007 ein erzürnter polnischer Abgeordneter im EU-Parlament. Verhandelt wurde gerade die Forderung von Polen und einigen skandinavischen Ländern nach einem Reinheitsgebot für Wodka. Der sollte künftig nur noch aus Getreide oder Kartoffeln hergestellt werden dürfen. Heraus kam – sehr zum Ärger der Polen – ein Kompromiss: Auch andere Grundstoffe sind erlaubt, sie müssen aber auf dem Etikett deklariert werden.

### Polens Champagner

Der Vergleich mit dem Champagner macht durchaus Sinn, denn für Polen ist der Wodka nach wie vor ihr Nationalgetränk. Auch wenn die Russen sich gerne als seine Erfinder bezeichnen, klar ist doch: Der erste amtliche Eintrag über die Herstellung eines Wodkas erfolgte im Jahre 1405 im polnischen Sandomierz. In den folgenden sechs Jahrhunderten haben sich die Trinkgewohnheiten immer wieder geändert, doch die Beliebtheit des „Wässerchens" – so die wörtliche Übersetzung – blieb bei den Polen ungebrochen.

### Ein Kilo Wodka gefällig?

Während der Zeit des Kriegsrechts in den 1980er-Jahren herrschte an fast allem Mangel. Nur Wodka gab es immer. Mit billigem Fusel konnte man die Bevölkerung ruhigstellen, und viele spülten damit ihren Frust herunter. „Sto gram" – 100 Gramm – waren die bevorzugte Maßeinheit für ein Glas, und während eines längeren Abends summierte sich die Menge schnell mal auf ein Kilo.

### Prominente Paten

Zu kommunistischen Zeiten hatte die staatliche POLMOS das Monopol auf die Wodkaproduktion, nach der Wende wurden die einzelnen Produktionsstätten privatisiert und die Anlagen modernisiert. Mit verbesserten Produkten, neuem Design und besserem Marketing schafften es viele polnische Wodkasorten, sich gegen die westliche Konkurrenz zu behaupten. Manche polnische Premiummarken haben inzwischen auch im Ausland Fuß gefasst. Wohlklingende Namen sollen die Exklusivität des Getränks unterstreichen. Polens berühmtester Komponist Chopin oder König Jan III. Sobieski stehen Pate.

### Potocki: zwischen Feuer und Eis

Die Etiketten des Wodkas Potocki ziert das Wappen einer der berühmtesten polnischen Adelsfamilien. Als Jan-Roman Potocki vor einigen Jahren das Familienunternehmen im südpolnischen Łańcut zurückerwarb, knüpfte er an eine fast zweihundertjährige Tradition der Wodkaproduktion an. Als „Suche nach einer Balance zwischen Altem und Neuem, zwischen Natur und Kultur, zwischen Eis und Feuer" beschreibt er den Geist seines Luxusgetränks. Potockis Wodka schaffte es bis in die Bars des Pariser Nobelhotels Ritz oder des Beau Rivage in Lausanne und wurde auch schon zum Geburtstag von Top-Model Naomi Campbell in St. Tropez kredenzt.

OB MIT COCKTAILTOMATEN ...

... ODER MIT MINZE: WODKA IST IMMER DABEI

### Wyborowa: Go for Gold!

Als Hartwig Kantorowicz 1823 mit seinem „Wässerchen" an einem polnischen Wettbewerb teilnahm, entfuhr dem Jury-Präsidenten ein spontanes „wyborowa". Das heißt auf Deutsch: köstlich. Damit begann die Erfolgsgeschichte von Polens bekanntestem Wodka Wyborowa, der inzwischen rund zwei Dutzend Goldmedaillen bei internationalen Wettbewerben einheimste. Rund um den Globus werden jährlich neun Millionen Liter Wyborowa getrunken, in Polen ist er der Platzhirsch. Für die Premiummarke Wyborowa Exquisite entwarf kein Geringerer als Stararchitekt Frank O'Gehry die leicht um ihre Längsachse gedrehte Flasche.

### Roggen, Kartoffeln, Weizen

Für den Wyborowa und die meisten anderen polnischen Wodkas wird traditionell Roggen als Rohstoff verwendet. Er verleiht dem Getränk einen weichen, leicht süßlichen Geschmack und ein mildes Aroma. Kartoffeln, in der Vergangenheit eher für die billigen Wässerchen genutzt, bilden heute auch die Basis von Premiummarken

### Was und wo

Wer in Polen einen Wodka kaufen möchte, der wird in den Alkohol-Abteilungen der Supermärkte oder in speziellen Alkohol-Läden, den „sklep monopolowy" fündig. Die Auswahl ist dort in der Regel groß. In deutschen Regalen findet sich vor allem der Wyborowa und der in Grasovka umgetaufte Büffelgras-Wodka. Größer ist die Auswahl im Internet: Unter **www.vodkahaus.de** finden sich rund drei Dutzend polnische Sorten zu Preisen zwischen etwa zehn und deutlich über 50 Euro.

## Cocktails

Zu den bekanntesten Cocktails mit Wodka gehört die **Bloody Mary**. Erstmals wurde das Getränk in den 1920er-Jahren in Harry's New York Bar in Paris gemixt.
**Zutaten:** 5 cl Wodka, 1 cl Zitronensaft, frisch gemahlener Pfeffer, Selleriesalz, 2 Spritzer Tabasco, 3 Spritzer Worcestershire Sauce und 12 cl Tomatensaft.
**Mix:** Gewürze, Zitronensaft und der Wodka werden in einem Longdrinkglas auf Eiswürfel gegeben, dann wird das Ganze mit Tomatensaft aufgefüllt und umgerührt. Als Garnitur wird dann häufig ein Stück Selleriestaude dekorativ auf den Glasrand gelegt.
Polnische Wurzeln hat die **Szarlotka** – ein Cocktail, der aus einem Teil Wodka, drei bis vier Teilen naturtrübem Apfelsaft und einer kleinen Prise Zimtpulver gemixt und auf Eis getrunken wird. Am liebsten wird dazu der Büffelgras-Wodka Żubrówka verwendet. Aber Vorsicht bei der Bestellung: Szarlotka nennt man in Polen auch den Apfelkuchen.

*Staudensellerie, Tomaten, Eis – und natürlich Wodka nicht zu knapp ...*

wie dem Luksusowa. Mit dem verbesserten Destillationsverfahren stieg auch die Qualität des Kartoffel-Wodkas, doch es haftet ihm eine etwas markantere und schwerere Note an. Der im Westen stärker genutzte Weizen verspricht einen hohen Grad an Reinheit und Neutralität, wird in Polen aber nur bei wenigen Marken wie dem Chopin verwendet.

### Neutral und unvergleichlich rein

Ganz gleich, welche Rohstoffe eingesetzt werden, das Verfahren bei der Wodkaproduktion ist immer ähnlich. Getreide oder Kartoffeln bilden mit Wasser eine Maische, die erhitzt und später mit Hefe und anderen Gärungsmitteln versetzt wird. Aus der so entstehenden Würze mit geringem Alkoholgehalt entsteht durch mehrfache Destillation der reine Alkohol. Das Destillat wird anschließend in mehreren Stufen gefiltert und erhält so seinen neutralen Geschmack und seine unvergleichliche Reinheit.

### Mit der Kraft des Wiesents

Schon lange Tradition hat es in Polen, den Wodka mit Kräutern oder anderen Zutaten zu versetzen. Dem internationalen Trend folgend werden immer neue Geschmacksrichtungen kreiert, indem man Früchte, Gewürze oder Aromaöle zugefügt. So gibt es den Wyborowa inzwischen beispielsweise in Geschmacksnoten wie Zitrone, Orange oder Ananas. Während Wodkas mit Zitronen- oder Orangengeschmack eher eine neuere Erfindung sind, wird der Żubrówka schon seit vielen Jahrzehnten mit Büffelgras aromatisiert:Jede Flasche enthält einen Halm aus dem Białowieski-Urwald, der ihm seine leicht grünliche Farbe und seinen mild-würzigen Geschmack nach Waldmeister verleiht. Benannt ist er nach dem Wappentier des Urwalds, dem Wisent, der auf Polnisch Żubr heißt. Weil dieser Name für den deutschen Markt zu schwierig schien, schuf man dafür den Kunstnamen Grasovka.

### Am liebsten pur und eisgekühlt

Wahre Wodka-Kenner beeindruckt das wenig. Sie schätzen nur den reinen Wodka. Der soll nicht nur die neutrale Basis für ein Mixgetränk oder einen Cocktail liefern, sondern einen eigenen, unvergleichlichen Charakter besitzen. Sie mögen ihn am liebsten pur und eisgekühlt und lassen ihn in kleinen Mengen auf der Zunge zergehen. Statt „sto gram" trinkt man heute eher kleinere Mengen – zum Beispiel als den traditionellen Begleiter zum Kaviar oder auch für die bessere Verdauung nach einem üppig geratenen Mahl – eben „na zdrowie", auf die Gesundheit.

### Gut für das Seelenheil

Ein polnisches Nationalgetränk sollte man nach Kräften fördern, dachte sich auch der Danziger Pater Henryk Jankowski, ehemals Beichtvater von Lech Wałęsa. Ende des Jahres 2007 kündigt er an, einen Wodka mit seinem Konterfei auf dem Etikett unter der Marke „Prälat" zu vertreiben. Der Verkauf sollte allerdings limitiert werden, so kündigte ein Sprecher an, damit keiner dem Pater vorwerfen könne, er wolle die Menschen betrunken machen.
Jankowskis Hang zu geistigen Getränken ist in Polen übrigens durchaus bekannt. Denn vor Jahren verlor er sein Pfarramt in der Brigittenkirche, weil er dort Trinkgelage seiner Ministranten sponserte.

## Reisedaten Polens Nordosten

**Flug von Deutschland**
Dortmund – Danzig ab 60 Euro

**Inlandsverkehr**
Bahnfahrt Danzig – Warschau im Expresszug 2. Klasse rund 20 Euro

**Reisepapiere**
Personalausweis oder Reisepass

**Währung**
Polnischer Złoty, 1 Euro = 3,6 Złoty

**Mietwagen**
ab 45 Euro pro Tag (unbegrenzte Kilometer, Versicherung)

**Benzin**
1 Liter Super deutscher Preis minus 0,20 Euro

**Hotel**
DZ/Frühstück: Luxuskat. ab 150 Euro, Mittelklasse 70 Euro

**Ferienhaus**
Hochsaison für 2 bis 5 Personen ab 300 Euro pro Woche

**Menü**
3 Gänge mit Wein pro Person ab 20 Euro

**Einfaches Essen**
Hauptgericht ab 5 Euro

**Ortszeit**
MEZ/MSZ

## ANREISE

**Auto** Seit Ende 2007 kann man die Grenze zwischen Polen und Deutschland ohne Kontrollen passieren. Von Deutschland aus benutzt man für Fahrten nach Nordpolen am besten den Autobahn-Grenzübergang Pomellen bei Stettin. Von dort geht es vierspurig bis Goleniów, dann auf der zweispurigen E28 Richtung Danzig und weiter nach Masuren und Podlasie. Alternativ ist die Anreise über den Grenzübergang Frankfurt/Oder und auf der E 30 (wird zur gebührenpflichtigen Autobahn ausgebaut) bis Posen und weiter über Thorn Richtung Masuren.
**Bahn** Ein Nachtzug verkehrt tgl. zwischen Berlin und Danzig, tagsüber gelangt man von Berlin nach Danzig mit Umsteigen in Stettin oder Posen (Fahrtzeit 8–9 Std.). Von Berlin geht es nach Allenstein mit Umsteigen in Posen (ca. 8–9 Std.) und nach Białystok mit Umsteigen in Warschau (ca. 9–10 Std.). Für Fahrten durch Polen empfiehlt sich der Euro-Domino-Tarif der Deutschen Bahn, der wahlweise an drei bis acht frei wählbaren Tagen innerhalb eines Monats gilt. Fahrplanauskunft bei der Deutschen Bahn unter der kostenpflichtigen Tel. 11861 oder unter www.bahn.de.
**Bus** Von Deutschland gibt es zahlreiche Busverbindungen in den Nordosten Polens. Infos bei der Deutschen Touring GmbH (Am Römerhof 17, 60486 Frankfurt/M., 069/7903501, www.touring.de).
**Flugzeug** Regelmäßige Flugverbindungen gibt es ab Dortmund, Frankfurt, Hamburg, Köln, Lübeck und München nach Danzig (Infos: www.airport.gdansk.pl). Ohne Erfolg blieben bisherige Bemühungen, auch den ehemaligen Militärflughafen bei Ortelsburg/Szczytno in Masuren für internationale Verbindungen zu nutzen.

## AUSKUNFT

**Deutschland** Polnisches Fremdenverkehrsamt, Kurfürstendamm 71, 10709 Berlin, Tel. 030/2100920, Fax 030/21009214, www.polen.travel

*Ohne Schleusenpassage kommt man nicht von See zu See – hier bei Ruciane-Nida*

**Österreich** Polnisches Fremdenverkehrsamt, Lerchenfelder Straße 2, 1080 Wien, Tel. 01/524 719112, Fax 01/524 719120, www.polen.travel
**Polen** Polnische Organisation für Tourismus (POT), ul. Chałubińskiego 8, 00-613 Warszawa, Tel. 022/5367070, Fax 022/5367004, www.pot.gov.pl

## AUTO FAHREN

Autofahrer benötigen in Polen einen **nationalen Führerschein** und den **Fahrzeugschein**. EU-Bürger benötigen keine Grüne Versicherungskarte mehr. Unverändert muss das Fahrzeug mit dem **Nationalitätenkennzeichen „D"** versehen sein. Es besteht **Anschnallpflicht** auf allen Sitzplätzen. **Höchstgeschwindigkeit** innerorts 50 km/h, außerhalb 90 km/h, auf Autobahnen 130 km/h. Die **Promillegrenze** liegt bei 0,2. Pkw und Motorräder müssen ganzjährig mit **Abblendlicht** fahren. Telefonieren mit **Handy** ohne Freisprechanlage ist während der Fahrt verboten. In den Innenstädten ist das **Parken** Mo.–Sa. meist gebührenpflichtig (płatny). In den Städten und Feriengebieten gibt es viele bewachte **Parkplätze**. Das **Tankstellennetz** ist engmaschig, an Autobahnen und Fernverkehrsstraßen und in den Zentren der Großstädte haben Tankstellen in der Regel rund um die Uhr geöffnet.
**Pannenhilfe landesweit** Tel. 981, **Polizei** Tel. 997, **ADAC-Notruf** in Polen Tel. 0610/8319888.

## BEHINDERTE

Viele neuere **Hotels** verfügen über behindertengerechte Zimmer. Bei **öffentlichen Verkehrsmitteln** kann es für Rollstuhlfahrer Probleme geben. Aus diesem Grund empfiehlt sich hier die Anreise mit dem eigenen Pkw.

## BOTSCHAFTEN UND KONSULATE

**Deutsche Botschaft** ul. Dąbrowiecka 30, 03932 Warszawa, Tel. 022/5841700, Fax 022/5841739, www.ambasadanimiec.pl
**Deutsches Generalkonsulat** Al. Zwycięstwa 23, 80219 Gdańsk, Tel. 058/3406500, Fax 058/3406538

## Daten und Fakten

**Staat** Die Fläche Polens beträgt 312 689 km². Hauptstadt des Landes ist Warschau (Warszawa), Amtssprache Polnisch. Polen ist eine parlamentarische Demokratie, an deren Spitze der Staatspräsident steht. Das Parlament besteht aus zwei Kammern (Sejm und Senat). Der Sejm zählt 460 Abgeordnete, der Senat 100 Senatoren. Polen ist in 16 Woiwodschaften gegliedert, in etwa vergleichbar mit den deutschen Bundesländern. Die Nationalflagge ist weiß-rot und symbolisiert die Farben des Staatswappens, eines weißen Adlers mit goldener Krone auf rotem Grund.

**Bevölkerung** Polen zählt rund 38 Mio. Einwohner. Die Bevölkerungsdichte liegt bei etwa 122 Einw./km². Polen ist eine sehr junge Gesellschaft mit einem Durchschnittsalter von 35 Jahren. Der Anteil der Frauen liegt bei 51,4%. Knapp 3% Prozent der Bevölkerung werden nationalen Minderheiten zugerechnet, zu den größten gehören Weißrussen und Litauer, die vor allem in der Woiwodschaft Podlasie leben. Rund 95 % der Bevölkerung sind römisch-katholisch, die größte religiöse Minderheit sind die rund eine halbe Million Angehörigen des russisch-orthodoxen Glaubens. Neben rund 260 000 Protestanten gibt es auch noch je etwa 5000 Juden und Moslems.

**Natur** Der stark bewaldete Nordosten Polens gilt als grüne Lunge Europas. Die in der letzten Eiszeit gebildete Endmoränenlandschaft mit vielen Seen steigt bis auf knapp über 300 m an. Der längste Fluss ist die Weichsel mit 1047 km, der größte See der Spirdingsee (Jezioro Śniardwy) in Masuren mit 113,8 km², der tiefste ist der Hańcza-See in Podlasie mit 108,5 m. Die Landschafts- und Nationalparks im Norden Polens bieten vielen seltenen Pflanzen und Tieren einen Schutzraum.

**Wirtschaft** Mit der politischen Wende 1989 war der Übergang von der Plan- zur Marktwirtschaft verbunden. Das hatte zunächst einen Zusammenbruch wichtiger Betriebe und damit verbundene hohe Arbeitslosigkeit zur Folge, führte aber in den Folgejahren auch zu einer stabilen Entwicklung mit hohen Wachstumsraten von rund 6 % jährlich und einer niedrigen Inflationsrate. Die Arbeitslosigkeit sank zuletzt auf rund 11 %, liegt aber im strukturschwachen Norden deutlich höher. Hier setzt man deshalb besondere Hoffnung auf eine weitere günstige Entwicklung des Tourismus. Polen möchte bis 2011 den Euro als Landeswährung einführen.

*Polen ist vielerorts landwirtschaftlich geprägt*

**Österreichische Botschaft** ul. Gagarina 34, 00748 Warszawa, Tel. 022/8410081, Fax 022/8410085, www.ambasadaaustrii.pl
**Schweizer Botschaft** Al. Ujazdowskie 27, 00540 Warszawa, Tel. 022/6280481, Fax 022/6210548, www.eda.admin.ch

## CAMPING

Die **Campingsaison** dauert vom 15. Juni bis 30. September, nur wenige Plätze sind länger geöffnet. Etwa 200 Plätze wurden von der **Polnischen Camping- und Caravaning-Föderation (PFCC)** klassifiziert. Sie verfügen über ausreichende sanitäre Anlagen, Warmwasserduschen, Waschbecken, Kochplatten und Steckdosen. Oft gibt es ein Restaurant auf dem Platz oder in unmittelbarer Nähe. Auch Einkaufsmöglichkeiten sind meist vorhanden. Plätze der Kat. I bieten einen höheren Standard und zusätzliche touristische Angebote.
**Eine gute Übersicht** bietet die deutschsprachige Website www. campingpolen.de.

## EINKAUFEN

In Polen gibt es kein Ladenschlussgesetz. **Läden in den Stadtzentren** sind oft rund um die Uhr geöffnet, auch **Supermärkte** und **Kaufhäuser** sind häufig Mo.–Sa. bis 21.00 oder 22.00 Uhr und auch So. offen. Auch kleine Lebensmittelläden auf den Dörfern haben oft So. geöffnet.

## FESTE UND FESTIVALS

In den Sommermonaten gibt es in den Ferienzentren wie in Masuren und an der Ostsee beinahe täglich Konzerte, Tanzveranstaltungen oder andere Feste. **Eine Übersicht** über die wichtigsten Veranstaltungen bietet das Polnische Fremdenverkehrsamt auf seiner Website www.polen.travel.

## Ausspracheregeln

Vor allem in Masuren, an der Ostseeküste und in der Dreistadt ist man auf deutsche Touristen eingestellt. In den Hotels und Restaurants spricht das Personal oft Deutsch. Auch bei den meisten Touristinformationen wird Deutsch gesprochen. Außerhalb der Touristenzentren kommt man zumeist mit Englisch zum Ziel. Wer seinem Gespächspartner mit „Dzień dobry“ (sprich: Dschän dobre) einen guten Tag wünscht oder sich mit dziękuje (sprich: dschänkuje) bedankt, wird damit immer freundliche Blicke ernten.
Für die **polnischen Namen** nachfolgend die Ausspracheregeln des polnischen Alphabets:
a = a,
b = b,
c = ts, ć = weiches tsch,
d = d,
e = offenes e, ę = nasales e,
f = f,
g = g,
h = ch (wie in ach),
i = i,
j = j,
k = k,
l = l, ł = u-ähnlicher Laut (wie engl. w),
m = m,
n = n, ń = weiches n (wie in Cognac),
o = offenes o, ó = u,
p = p (kurz, ohne Hauchlaut),
r = gerolltes Zungen-r,
s = stimmloses s, ś = weicher, sch-ähnlicher Laut,
t = t,
u = u,
w = w,
y = dumpfer i-Laut,
z = stimmhaftes s, ź = weicher, stimmhafter sch-Laut, ż = stimmhaftes sch,
v und x kommen nur in Fremdwörtern vor.
Eine der bekanntesten privaten Sprachschulen für Ausländer in Polen ist die Sopot School of Polish for Foreigners im Badeort Sopot (Al. Niepodległości 763, Tel. 058/5503284, www.ssp.edu.pl). Sie bietet das ganze Jahr über Kurse an.

## GELD

Die polnische Währung ist der **Złoty**. Ein Złoty entspricht 100 Groszy. Es gibt Münzen zu 1, 2, 5, 10, 20 und 50 Groszy sowie zu 1, 2 und 5 Złoty, ferner Banknoten zu 10, 20, 50, 100 und 200 Złoty. Der durchschnittliche Wechselkurs beträgt etwa 1:3,6 (1 Euro = 3,6 Złoty). Den genauen Kurs findet man unter www.bankier.pl.

Es gibt ein flächendeckendes Netz von **Geldautomaten**, an denen man mit der deutschen EC-Karte Złoty erhält. Die Menüführung ist meist auch auf Deutsch, zumindest auf Englisch. Hier kann man in der Regel bis zu 1000 Złoty am Tag zum aktuellen Umtauschkurs abheben. Die Gebühren betragen pro Transaktion etwa vier bis sechs Euro. Bargeld kann man in **Banken** und **Wechselstuben** (Kantor) tauschen, die es in jeder größeren Stadt gibt. Ein Vergleich der Kurse lohnt sich. Banken haben in der Regel Mo.–Fr. 9.00–17.00 und Sa. 9.00–14.00 Uhr geöffnet, Wechselstuben oft länger. Größere Hotels, Restaurants und Geschäfte akzeptieren meist auch internationale **Kreditkarten**.

## GESUNDHEIT

**Ärztliche Versorgung** Die medizinische und zahnmedizinische Versorgung in Polen ist ausreichend. Krankenkassen übernehmen die Kosten für die notwendige ärztliche und zahnärztliche Versorgung in Polen. Dazu muss die Europäische Versicherungskarte bei der Behandlung vorgelegt werden (erhältlich bei der eigenen Kasse).

**Apotheken** Apteka sind in der Regel Mo.–Fr. 8.00 bis 19.00 Uhr und Sa. 9.00–14.00 Uhr geöffnet. Über Bereitschaftsdienste informieren Aushänge in den Apotheken.

**Schutzimpfungen** Besondere Impfungen sind nicht erforderlich. Bei längeren Aufenthalten in der freien Natur ist eine Schutzimpfung gegen Zeckenbisse ratsam.

## HAUSTIERE

Haustiere benötigen beim Grenzübertritt einen **Heimtier-Ausweis,** der vom Tierarzt ausgestellt wird, wenn das Tier gegen Tollwut geimpft wurde. Der Impfschutz muss mindestens 30 Tage alt sein und maximal 12 Monate vor dem Grenzübertritt erneuert worden sein. Der Pass muss dem Tier eindeutig zugeordnet werden. Das erfolgt durch eine Tätowierung mit der Kennzeichnungsnummer des Tieres. Ohne Heimtier-Ausweis kann das Tier unter Quarantäne gestellt werden.

## JUGENDHERBERGEN

**Preiswerte Übernachtungsmöglichkeiten** bieten rund 200 Jugendherbergen in Polen. Inhaber des Internationalen Studentenausweises bekommen dort 25 % Rabatt. Informationen beim Polnischen Jugendherbergswerk PTSM. **Adressverzeichnis** unter www.ptsm.org.pl. In den Sommermonaten werden **Studentenwohnheime** als Ho-

### Geschichte

**6. Jh.** Während der Völkerwanderung besiedelte der slawische Stamm der Polanen das Gebiet zwischen Weichsel und Warthe.

**10. Jh.** Polen wurde von der Dynastie der Piasten regiert. Fürst Mieszko I. geriet in Abhängigkeit des deutschen Königs Otto III. Durch seine Taufe erwarb er päpstlichen Schutz und weitete sein Reich auf das böhmische Schlesien aus. Sein Sohn Boleslaw gewann Pommern sowie Malopolska, das Gebiet um Krakau, hinzu und ließ sich vom Papst zum König von Polen krönen.

**1038** König Kazimierz verlegte seine Residenz von Gnesen nach Krakau.

**ab 1138** Nach Thronstreitigkeiten zerfiel das Königreich in Fürstentümer, Pommern kam 1181 zum Deutschen Reich.

**1386** Polen ging mit Litauen eine Union ein, Gründung der Jagiellonen-Dynastie, die bis 1572 herrschte. König Wladyslaw I. gelang es, die Fürstentümer wieder zu einen. Polen entwickelte sich zu einem wichtigen Machtfaktor in Osteuropa.

**1410** Die für die polnisch-litauischen Truppen siegreiche Schlacht bei Tannenberg war der Anfang vom Ende der Herrschaft des Deutschen Ordens.

**1596** Warschau wurde Hauptstadt.

**1772–1795** Polen wurde in drei Schritten aufgeteilt: Schlesien, Westpreußen und Posen gehörten fortan zu Preußen, Galizien zu Österreich, die östlichen Gebiete fielen an Russland.

**ab 1795** Galizien entwickelte sich zum Zentrum der polnischen Nationalbewegung, doch der Kampf um politische Unabhängigkeit blieb ohne Erfolg.

**1918** Nach dem Ersten Weltkrieg wurde Polen wieder souveräner Staat und erhielt durch den Versailler Vertrag vormals preußische Gebiete zurück. Die folgenden Jahre waren von raschen Regierungswechseln sowie von wirtschaftlichen Krisen und innenpolitischen Auseinandersetzungen geprägt.

**1920** Russisch-polnischer Krieg, der 1921 mit dem Frieden von Riga endete.

**1926** Staatsstreich durch General Józef Piłsudski.

**1939** Mit dem deutschen Angriff auf Polen begann am 1. Sept. der Zweite Weltkrieg.

**1945** Durch Beschluss der Konferenzen von Jalta und Potsdam wurden Polens Grenzen nach Westen bis zur „Oder-Neiße-Linie“ verschoben. Die Flüsse Bug und San bildeten ab jetzt die östliche Grenze Polens. Vertreibungen und Umsiedlungen waren die Folge.

**1945–1947** Polen sicherte seine Südostgrenze im Krieg gegen ukrainische Nationalisten. Die Zwangsumsiedlung ethnischer Minderheiten in beiden Staaten prägt bis heute die Struktur der Grenzregion.

**1947–1989** Die Volksrepublik Polen band sich unter kommunistischer Regierung mit der Unterzeichnung des Warschauer Paktes (1955) in das Herrschaftssystem der Sowjetunion ein.

**1980** Aus verschiedenen oppositionellen Bewegungen entstand die unabhängige Gewerkschaft Solidarność, die unter der Führung von Lech Wałesa zum Ende des Regimes von General Jaruzelski führte.

**1989** Der kommunistische Ostblock zerfiel. Polen wurde eine parlamentarische Republik.

**1990** Deutschland erkannte offiziell die Westgrenze Polens an.

**1997** Polen erhielt eine demokratische Verfassung.

**1999** Polen trat der NATO bei und strebte den Beitritt zur EU an.

**Seit 2004** Am 1. Mai 2004 trat Polen zusammen mit neun weiteren Staaten der Europäischen Union bei. Bis zum Jahr 2011 möchte man auch den Euro als Landeswährung einführen.

*Die Schlacht bei Tannenberg war einer der Höhepunkte polnischer Geschichte*

tels genutzt. Man muss nicht Student sein, um dort preiswert zu übernachten. Allein in Danzig sind es elf Studentenwohnheime der TU, die zu Sommerhotels werden.

## MIETWAGEN

Abgesehen von Luxuskarossen kann man inzwischen bei den meisten Mietwagenfirmen in Deutschland auch Fahrzeuge für eine Reise nach Polen mieten. In Polen selbst gibt es inzwischen in jeder großen Stadt Mietwagenstationen. Internationale Ketten wie Avis, Hertz, Europcar und Sunny Cars sind dort vertreten.

## NOTRUF

Notrufnummern sind von öffentlichen Telefonzellen aus kostenlos zu erreichen. **Allg. Notruf** 112, **Polizei** 997, **Feuerwehr** 998, **Ambulanz** 999

## POST

**Postämter** sind in der Regel Mo.-Sa. 8.00 bis 20.00 Uhr geöffnet, einige Ämter in größeren Städten auch rund um die Uhr.

**Tipp**

### Literaturempfehlungen

Der aus den Masuren stammende, in Deutschland lebende Schriftsteller **Artur Becker** lässt in seinem tragisch-komischen Roman *Onkel Jimmy, die Indianer und ich* (Knaur) zwei Polen aus der masurischen Provinz in Kanada nach ihrem Glück suchen.

Als einer der ersten hat der bekannte polnische Schriftsteller **Stefan Chwin** sich in *Tod in Danzig* (Rowohlt Taschenbuch) dem Thema der Vertreibung in seiner Heimatstadt gewidmet.

Die *Blechtrommel* (dtv Taschenbücher) des Literaturnobelpreisträgers **Günter Grass** ist längst ein moderner Klassiker: mit Oskar Matzerath durch das Danzig der 1930er-Jahre.

Eine der unterhaltsamsten Erzählungen über Masuren ist noch immer *So zärtlich war Suleyken* (Fischer) **von Siegfried Lenz**.

Der in Masuren geborene Schriftsteller **Arno Surminski** widmet sich in *Sommer vierundvierzig oder Wie lange fährt man von Ostpreußen nach Deutschland* (Ullstein), einem seiner bekanntesten Romane, der Vertreibung aus Ostpreußen.

*Beliebt bei Kindern: Urlaub auf dem Land*

Eine **Postkarte** oder ein **Standardbrief** ins EU-Ausland kostet 2,40 Złoty.

## REISEZEIT

Der Norden Polens ist zu allen Jahreszeiten interessant. Von Frühling bis Herbst sind die Temperaturen mit denen in Deutschland vergleichbar, im Winter können in Masuren und Podlasie allerdings auch Temperaturen von unter –20 °C erreicht werden.

## SPORT

**Angeln** Gerade im Nordosten Polens mit seinen vielen Flüssen und Seen kommen Angler auf ihre Kosten. Zum Angeln wird ein polnischer Angelschein benötigt, der vom Polnischen Anglerverband (Polski Związek Wędkarski) ausgestellt wird. Anfragen bei den örtlichen Touristeninformationen.

**Golf** In der Nähe von Danzig und in Masuren gibt es mehrere Golfplätze mit 18 Löchern. Der Postołowo Golf Club liegt südl. Danzig in Postołowo (Tel. 058/6837100, www.golf. com.pl). Nördl. der Dreistadt in Pętkowice bei Wejherowo liegt der neue Sierra Golf Club (Tel. 058/7784900, www.sierragolf.pl). Wenige Kilometer von Allenstein entfernt in Naterki befindet sich der Mazury Golf & Country Club (Tel. 089/5131540).

**Kajaktouren** Die beliebtesten Kajakstrecken im Nordosten Polens sind die Krutynia-Route in Masuren sowie die Czarna-Hańcza-Route in Podlasie. Vor Ort gibt es zahlreiche Verleihstellen für Kajaks.

**Radfahren** Organisierte Radtouren in Kaschubien, in Masuren und Podlasie erfreuen sich wachsender Beliebtheit. Mehrere Reiseveranstalter bieten solche Touren an. Auskünfte und Adressen auf der Website des Polnischen Fremdenverkehrsamtes www.polen-travel).

**Reiten** In Masuren gibt es viele private Reiterhöfe und einige staatliche Gestüte. Eine gute Adresse ist der Reiterhof in Wittenberg mit 80 Pferden (Stadnina Koni Białogóra, Tel. 058/7742600, www.stadninabialogora.pl).

**Segeln** Segeln ist vor allem im Bereich der Großen Masurischen Seen sehr beliebt. Es gibt in den Ferienorten wie Giżycko, Mikołajki oder Węgorzewo eine gute Infrastruktur für Segler und eine Vielzahl größerer und kleinerer Charterfirmen. Das Angebot reicht von einfachen Segelbooten ohne Motor bis zu Luxusjachten. Auf deutsche Gäste eingestellt ist beispielsweise die Firma Mazurwind in Wilkasy bei Giżycko (Tel. 087/4280172, www.mazurwind.pl).

**Wandern** Der Europäische Fernwanderweg E9 verläuft entlang der polnischen Ostseeküste von Swinemünde (Świnoujście) bis Braunsberg (Braniewo) an der russischen Grenze. Die Route E11 führt vom Grenzübergang Frankfurt/Oder bis zum litauischen Grenzübergang Ogrodniki.

In den örtlichen Fremdenverkehrsbüros kann man detaillierte regionale Wanderkarten erwerben.

**Tipp**

### Traumland Masuren

Eigentlich wollten Anna und Lech Marczak für sich und ihre Kinder nur den Traum vom Leben auf dem Lande verwirklichen. In Giże, einem kleinen Dorf westlich von Olecko, setzten sie einen heruntergekommenen Hof instand, formten die Umgebung zu einem kleinen Paradies und begannen mit ökologischem Anbau von Getreide und Erbsen. Freunde kamen zu Besuch und blieben gerne länger. 2001 wurde das Anwesen zum schönsten Ferienhof in Polen gekürt, Berichte in Presse und Fernsehen folgten. Die Marczaks bauten einen Stall um und schufen neue Gästezimmer. „Viele Urlauber schätzen die Ruhe und Abgeschiedenheit, aber sie wollen nicht auf Komfort verzichten“, meint der Hausherr. Mit seinem Ökohof hat das Ehepaar diese Lücke erfolgreich gefüllt. Kinder können herumtollen, mit Hunden und Katzen spielen oder im Indianerzelt ihrer Phantasie freien Lauf lassen. Zum Essen trifft man sich gemeinsam auf der Terrasse oder am Lagerfeuer (Anna Marczak, Giże 41, 19411 Świętajno, Tel./Fax 087/5230266, www.traumland-masuren.pl).

## TAXI

Taxifahren ist in Polen sehr preiswert. Vor allem in größeren Städten gibt es aber unter den Taxifahrern einige schwarze Schafe, die überhöhte Preise fordern. Unbedingt darauf achten, dass die **Preise an der Beifahrerseite** ausgehängt sind, und diese vergleichen. Grundsätzlich sollte man nur sogenannte **Radio-Taxis** benutzen, die auf dem Dach deutlich sichtbar die Funknummer der jeweiligen Taxizentrale aufgeführt haben.

## TELEFON

**Vorwahlen** nach Deutschland 0049, nach Österreich 0043, in die Schweiz 0041, nach Polen 0048. Auskunft: für das Ortsnetz 913, für Fernverbindungen 912.

**Telefonkarten** Für öffentliche Telefone gibt es Telefonkarten mit 25, 50 oder 100 Einheiten in Postämtern, Tankstellen oder Kiosken.

**Handy** Die Funknetze sind in Polen gut ausgebaut, D- und E-Netzhandys haben fast flächendeckend Empfang. Bei längeren Aufenthalten kann es sich lohnen, eine Prepaid-Karte eines polnischen Providers (u.a. Simplus) zu kaufen, um die hohen Roaming-Gebühren zu vermeiden.

**Internet** Viele Hotels bieten Internetanschlüsse auf den Zimmern. In den meisten Städten gibt es auch preiswerte Internetcafés (ca. 1 Euro/Std.).

## Wetterdaten Danzig

| | Tages-temp. max. | Nacht-temp. min. | Wasser-temp. | Tage mit Nieder-schlag | Sonnen-stunden pro Tag |
|---|---|---|---|---|---|
| Januar | 1° | –4° | 1° | 8 | 1 |
| Februar | 1° | –4° | 1° | 7 | 2 |
| März | 5° | –1° | 2° | 7 | 4 |
| April | 11° | 3° | 5° | 7 | 5 |
| Mai | 16° | 7° | 10° | 8 | 7 |
| Juni | 20° | 11° | 15° | 9 | 9 |
| Juli | 22° | 13° | 17° | 9 | 7 |
| August | 21° | 13° | 18° | 8 | 7 |
| September | 18° | 10° | 16° | 9 | 5 |
| Oktober | 13° | 6° | 12° | 9 | 3 |
| November | 6° | 2° | 7° | 10 | 2 |
| Dezember | 3° | –2° | 3° | 10 | 1 |

## URLAUB AUF DEM LAND

Mit dem Begriff **Agroturystyka** werden in Polen neben Bauernhöfen auch andere private Unterkünfte auf dem Land bezeichnet.
Die englischsprachige Website www.agroturystyka.pl der **Polnischen Föderation für Tourismus auf dem Lande** führt etwa 600 Anbieter auf, darunter viele aus Masuren und Kaschubien.
Auch ungefähr 100 polnische **Biobauern** vermieten Zimmer und Ferienwohnungen. Informationen sind auf der englischsprachigen Website www. poland.eceat.org der polnischen „Organisation für ökologische Landwirtschaft und Tourismus ECEAT" zu finden.

## ZEITUNGEN UND ZEITSCHRIFTEN

Deutschsprachige Medien sind in der Regel in den größeren Städten auf Bahnhöfen und in den Filialen von Empik erhältlich. Auch einige größere Hotels und Kioske in den beliebten Ferienzentren führen deutsche Presseerzeugnisse.

**Fette** Ziffern verweisen auf Abbildungen.



## IMPRESSUM


**2. Auflage 2008** (aktualisiert und neu gestaltet)



**Verlag:** HB Verlag, Marco-Polo-Straße 1, 73760 Ostfildern, Postfach 3151, 73751 Ostfildern, Tel. 0711/4502-0, Fax 0711/4502-135, www.hb-verlag.de, info@bildatlas.de
**Geschäftsführer:** Dr. Thomas Brinkmann, Dr. Stephanie Mair-Huydts
**Chefredaktion und Programmleitung:** Rainer Eisenschmid, Birgit Borowski
**Redaktion:** Robert Fischer (www.vrb-muenchen.de)
**Text:** Klaus Klöppel, Berlin
**Exklusiv-Fotografie:** Peter Hirth/Transit, Leipzig
**Titelbild:** laif/Bialobrzeski (Alter Hafen, Danzig)
**Zusätzliches Bildmaterial:** S. 39 (HB Verlag/Kalmár), 97 u. (HB Verlag/Kalmár), S. 104 StockFood/ Alena Hrbková, 105 o. StockFood/Peter Rees, 105 u. stockFood/Crystal Cartier, 106 o. StockFood/Foodphotogr. Eising, 106 u.l. StockFood/Picture Bos/Luna, 106 u.r. Stock-Food/Studio Lipov, 107 StockFood/Jo Kirchherr, 108 o. StockFood/Bernhard Winkelmann, 108 u. StockFood/Foodphotogr. Eising, 109 o.l. StockFood/Bernhard Winkelmann, 109 o.r. Stock-Food/Peter Rees, 110 o. StockFood/Shaun Cato-Symonds, 110 u. Stockfood/Winfried Heinze, 111 StockFood/Paul Michael
**Grafische Konzeption, Art Direktion und Layout:** fpm factor product münchen
**Kartografie:** © MAIRDUMONT GmbH & Co. KG, Ostfildern
**HB Bildatlas Fotoservice:** HB Verlag, Marco-Polo-Straße 1, 73760 Ostfildern, Tel. 0711/4502-266, Fax 0711/4502-1006, a.nebel@mairdumont.com





**Anzeigenvermarktung:** MAIRDUMONT MEDIA, Tel. 0711/4502333, Fax 0711/45021012, media@mairdumont.com, http://media.mairdumont.com
**Vertrieb Zeitschriftenhandel:** PARTNER Medienservices GmbH, Postfach 810420, 70521 Stuttgart, Tel. 0711/7252-227, Fax 0711/7252-310
**Vertrieb Abonnement:** Zenit Pressevertrieb GmbH, Postfach 810640, 70523 Stuttgart, Tel. 0711/7252-265, Fax 0711/7252-333, hbverlag@zenit-presse.de
**Vertrieb Buchhandel und Einzelhefte:** MAIRDUMONT GmbH & Co KG, Marco-Polo-Straße 1, 73760 Ostfildern, Tel. 0711/4502-0, Fax 0711/4502-340
**Reproduktionen:** Otterbach Medien KG GmbH & Co., Rastatt
**Druck und buchbinderische Verarbeitung:** Neef + Stumme GmbH & Co. KG, Wittingen.
Printed in Germany

Überall im Pressefachhandel, Buchhandel und Bahnhofsbuchhandel erhältlich oder zu bestellen unter Telefon 0711/4502-0, Fax 0711/4502-340

## LIEFERBARE AUSGABEN

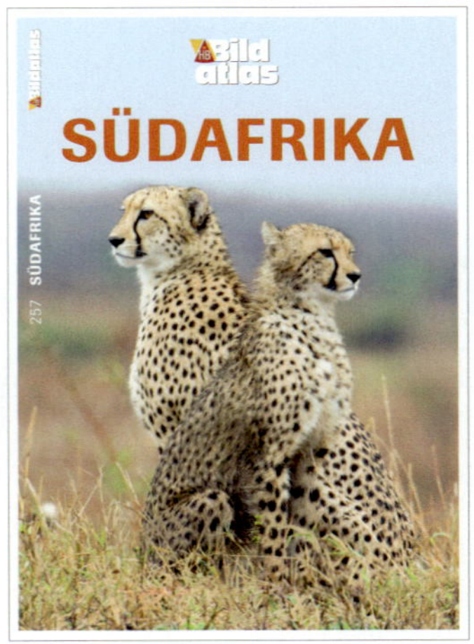


### HB BILDATLAS

**Deutschland**

227 Allgäu
198 Altmühltal
316 Bayerischer Wald
235 Berlin
235 Berlin (englische Ausgabe)
289 Bodensee · Oberschwaben
298 Brandenburg
296 Chiemgau · Berchtesgadener Land
274 Dresden · Sächsische Schweiz
256 Eifel · Aachen
260 Elbe und Weser · Bremen
303 Erzgebirge · Vogtland · Chemnitz
242 Frankfurt · Taunus · Rheingau
269 Fränkische Schweiz
253 Hamburg
263 Harz
234 Hunsrück · Naheland · Rheinhessen
233 Leipzig · Halle ·Magdeburg
209 Lüneburger Heide
285 Mainfranken
307 Mecklenburgische Seen
240 Mecklenburg-Vorpommern
151 Mittelfranken
249 Mosel
165 München
255 Münsterland · Münster
281 Nordseeküste · Schleswig-Holstein
196 Oberbayern zwischen Lech und Inn
271 Odenwald · Bergstraße
219 Osnabrücker Land · Emsland · Oldenburger Münsterland · Grafschaft Bentheim
211 Ostfriesland · Oldenburger Land
290 Ostseeküste · Mecklenburg-Vorpommern
277 Ostseeküste · Schleswig-Holstein
215 Pfalz
194 Potsdam · Havelland
243 Rhein zwischen Köln und Mainz
288 Rhön
314 Rügen · Usedom · Hiddensee
300 Ruhrgebiet
258 Sachsen
286 Sachsen-Anhalt
268 Sauerland
200 Schwäbische Alb
266 Schwarzwald · Norden
214 Spreewald · Lausitz · Märkisch-Oderland
247 Südlicher Schwarzwald
224 Sylt · Amrum · Föhr
312 Teutoburger Wald
261 Thüringen
301 Thüringer Wald
202 Trier
237 Weserbergland

**Benelux**

246 Amsterdam
187 Flandern · Brüssel
275 Niederlande

**Frankreich**

160 Atlantikküste
278 Bretagne
225 Côte d'Azur
222 Elsass
221 Korsika
295 Normandie
229 Paris
315 Provence
184 Südfrankreich · Languedoc-Roussillon

**Griechenland**

193 Athen · Peloponnes
189 Korfu · Ionische Inseln
228 Kreta
310 Zypern

**Grossbritannien · Irland**

294 Irland
175 London
231 Nordengland
304 Schottland
241 Südengland

**Italien · Malta · Kroatien**

195 Adriaküste · Emilia Romagna
239 Gardasee · Trentino
309 Golf von Neapel · Kampanien
265 Italienische Riviera
282 Italien · Norden
238 Kroatische Adriaküste
254 Malta
210 Mittelitalien
270 Oberitalienische Seen · Mailand
230 Piemont · Aostatal
226 Rom
264 Sardinien
232 Sizilien
201 Süditalien: Apulien · Basilikata
207 Südtirol
267 Toskana
313 Venedig · Venetien

**Mittel- und Osteuropa**

292 Baltikum
280 Bulgarien
283 Danzig · Ostsee · Masuren
248 Prag
291 St. Petersburg
244 Südpolen · Breslau · Krakau
306 Tschechien
297 Ungarn

**Österreich**

293 Kärnten
199 Niederösterreich · Wachau
218 Oberösterreich
220 Salzburger Land · Salzkammergut · Salzburg
174 Tirol
206 Wien

**Schweiz**

305 Schweiz
302 Tessin

**Spanien · Portugal**

236 Algarve · Lissabon
223 Andalusien
287 Barcelona
150 Costa Blanca
262 Costa Brava
176 Gran Canaria · Fuerteventura · Lanzarote
213 Ibiza · Formentera · Menorca
259 Kanarische Inseln
245 Lanzarote
318 Mallorca
203 Nordportugal
205 Nordspanien · Atlantikküste Jakobsweg · Galicien
177 Teneriffa · La Palma · Gomera · Hierro

**Skandinavien**

183 Bornholm
279 Dänemark
317 Norwegen ·Norden
276 Norwegen · Süden
250 Südschweden · Stockholm

**Türkei**

252 Türkische Mittelmeerküste

**Außereuropäische Ziele**

273 Australien Osten · Sydney
284 China
311 Kalifornien
251 Kanadas Westen
299 Neuseeland
272 New York
257 Südafrika

**Länderübergreifende Bände**

308 Donau

### HB BILDATLAS SPECIAL

**Afrika · Naher Osten**

67 Ägypten
64 Arabien: V. A. Emirate · Oman · Kuwait · Qatar · Bahrain
61 Namibia
71 Tunesien · Libyen

**Australien · Ozeanien**

45 Australien: Westen

**Europa**

54 Madeira · Azoren · Kapverden

**Süd- und Südostasien · Ferner Osten**

10 Hongkong
53 Indien: Rajasthan · Delhi · Agra
69 Philippinen
70 Thailand

**Süd- und Mittelamerika · Karibik**

57 Chile
55 Dominikanische Republik · Haiti
60 Jamaika
65 Kleine Antillen: Antigua Guadeloupe · Martinique · Barbados u. a.
73 Mexiko

**USA · Kanda**

58 Alaska
62 Florida
68 Las Vegas · Grand Canyon
56 Nordwesten: Washington · Oregon
59 Texas

### HB BILDATLAS SONDERAUSGABEN

Ski-Special Alpen 2008
Alpen Special 2008